AF497929

LA COMMUNE ET LA PAROISSE

DE

SEPTSARGES

(MEUSE)

NOTES D'HISTOIRE ET DE GÉOGRAPHIE LOCALES

PAR

Lucien COLLET (Fre Valéry)

Professeur au Pensionnat de Juvigny-sur-Loison (Meuse)

Membre correspondant de la Société des Lettres, Sciences et Arts de Bar-le-Duc

MONTMÉDY

IMPRIMERIE DE G. PIERROT

1900

A MA MÈRE,

Humble hommage de vénération filiale.

AVERTISSEMENT

Dès que la volonté de mes supérieurs m'eut rapproché de mon village natal, je songeai à réaliser un désir formé depuis longtemps, celui de faire un relevé ou tableau généalogique des familles Collet et Vacquant, de Septsarges. Dans ce but, je consacrai chaque année quelques heures de mon séjour au sein de ma famille à compulser les registres de l'état-civil et à préparer ce tableau. En même temps, je prenais ici et là, sur cette localité, des notes d'histoire, de géographie et de statistique qui, dans ma pensée, devaient rester personnelles.

Si je me suis résolu à les offrir aujourd'hui aux membres de ma famille et aux habitants de Septsarges, c'est dans le seul désir de les intéresser quelque peu à tout ce qui touche leur commune et leur paroisse, dans le passé aussi bien que dans le présent. Puisse ce modeste travail leur inspirer davantage encore, si c'est possible, l'amour de ce sol que nos ancêtres ont arrosé de leurs sueurs et si souvent défendu au péril de leur vie, sentiment qu'ils ne séparaient pas de l'estime de la religion qui tenait, dans leur vie et à leurs foyers, une place si honorable et si légitime.

L'Histoire de Montfaucon d'Argonne par défunt l'abbé Pognon (in-8°, Sedan, imp. Sohet-Laurent, 1890) a été pour mon esquisse historique un guide précieux. En outre, je dois à l'obligeance de M. Dasse, instituteur à Dannevoux, ancien instituteur à Septsarges, une grande partie de mes renseignements statistiques ; enfin un travail de M. l'abbé Lebarque, curé de Liny-devant-Dun et ancien curé de Septsarges, publié par le Journal de Montmédy en décembre 1895, m'a permis de compléter mes données sur les anciennes familles nobles et les prêtres qui ont desservi Septsarges. A ces deux Messieurs, j'exprime ici toute ma reconnaissance.

J'aurais souhaité le loisir de pouvoir compulser nos archives municipales et même départementales, m'étendre plus longuement sur l'histoire, faire sur place l'étude des usages locaux, du patois, des lieux-dits du territoire, etc., en un mot présenter un travail qui se rapprochât davantage d'une monographie ; mais, absorbé par mes fonctions d'enseignement et par d'autres recherches, je dois me résigner pour le moment à ces quelques pages.

L. C.

Juvigny-sur-Loison, le 14 mai 1900.

SEPTSARGES

I

ESQUISSE HISTORIQUE

Origine. — Une tradition, recueillie dès le x⁰ siècle par Flodoard, annaliste de l'église de Reims, rapporte que vers l'an 597, saint Baldéric, fils de Sigebert, roi d'Austrasie (562-575) et de Brunehaut, quitta la cour pour embrasser la vie érémitique et vint demander à nos contrées un lieu favorable à la prière et au travail des mains.

D'après cette tradition constante consacrée par le nom de la localité, le sceau et les armoiries de l'antique collégiale, ce fut un *faucon* qui conduisit Baldéric au sein de la vaste forêt qui couvrait alors cette partie de l'Argonne, près d'une source (1) située sur le versant oriental de la colline qui porte aujourd'hui le bourg de Montfaucon d'Argonne (2).

Essai d'étymologie. — Tel était, à cette époque de foi, l'attrait pour la vie religieuse que la sainteté du serviteur de Dieu ne tarda pas à lui attirer de nombreux disciples. *Sept* d'entre eux, toujours d'après la tradition, dans le but de jouir plus entièrement des douceurs de la solitude, tout en restant à proximité de leur pieux supérieur, seraient descendus dans la vallée et, après avoir défriché le sol, auraient bâti *sept cellules* (septima arcæ), d'où le nom de *Septsarges* donné au village qui s'éleva plus tard sur leur emplacement, à l'est de Montfaucon.

Si telle est vraisemblablement l'origine de Septsarges, il nous semble que cette étymologie de son nom, aussi bien que les autres qui ont été tentées, s'accorde difficilement avec les dénominations qu'a portées cette localité dans le cours des siècles : *Chesserge*, 1272 ; — *Chassarge*, d'après d'anciens titres, Clouet, *Hist. de Verdun*, p. 147 ; — *Sept-Serge*, 1656, carte de l'Évêché ; — *Septsarges*, 1700, carte des États (3) et son nom en patois : *Sçarge* ou *Sçarche*.

Nous ne rappellerons que pour mémoire l'étymologie celto-hébraïque avancée par M. Jeantin dans le *Manuel de la Meuse* (art. *Septiminium et Septsarges)*. Septsarges : *villa septa argillis* (entourée d'argile) ou *septima super argillas* (sept formations différentes superposées à l'argile) ; enfin *sept-sources*, comme le croient généralement les habitants. Des premières nous dirons, avec l'auteur lui-même dans une note, mais

---

(1) Elle est connue sous le nom de *Puits saint Baudri*, appellation qui est une variante de celle de Baldéric.

(2) Pour les preuves et discussions historiques, Cf. *Histoire de Montfaucon d'Argonne*, par M. l'abbé Pognon (in-8⁰, Sedan, Sohet-Laurent 1890, p. 12-15).

(3) LIÉNARD. *Dictionnaire topographique du département de la Meuse*, p. 222.

avec plus de conviction, qu'elles paraissent une « rêverie », et cela, en raison des connaissances philologiques et géologiques qu'il attribue gratuitement à nos ancêtres (1).

Montfaucon et Septsarges. — Quoiqu'il en soit de l'origine de Septsarges et de l'étymologie de son nom, il est certain que l'histoire de cette localité se confond avec celle de Montfaucon, dont elle est regardée comme le faubourg jusqu'à son érection en commune (1790). Ses destinées à travers les siècles sont donc liées à celles de Montfaucon, dont elle partage la gloire et les épreuves. Sans nous occuper de l'histoire générale, nous fixerons rapidement les dates les plus remarquables de notre histoire locale.

La Collégiale de Montfaucon. — Saint Baldéric mourut à Reims auprès de sa sœur, sainte Bove, et de leur nièce, sainte Bode, qui gouvernèrent successivement le monastère de Saint-Pierre, mais ses disciples vinrent enlever son corps pour le transférer à Montfaucon, dans l'abbaye qu'il avait fondée. Plus tard, cette abbaye devint une collégiale. C'est Charlemagne (752-814), dit le dernier chanoine-archiviste Derosne dans sa *Notice abrégée de Montfaucon*, qui dota la collégiale de ses premières prébendes et lui confirma la possession du *Septiminium*, c'est-à-dire des sept villages qui formèrent dans la suite la prévôté de Montfaucon : Ivoiry, Epinonville, Gesnes, Septsarges, Cuisy, Gercourt et Drillancourt.

En 870, la collégiale Saint-Germain de Montfaucon fait partie du lot de Charles-le-Chauve, sous la dénomination : *Ecclesia in Montem Falconis*. A cette époque, Héric, moine et historien de Saint-Germain d'Auxerre, vint à Montfaucon qu'il appelle « un lieu célèbre et fertile en miracles (2) ».

Les Normands. — On sait que les règnes des faibles successeurs de Charlemagne furent troublés par les invasions des Normands. Ces barbares, remontant la Meuse, venaient de ravager nos contrées, lorsque Eudes, le vaillant défenseur de Paris durant le siège de 885, accourut avec une armée, les battit et leur tua 19.000 hommes au pied de la côte de Montfaucon, au lieu dit *Chéhémin*. Ceux qui échappèrent furent exterminés dans le vallon qui conduit à la Meuse : d'où serait venu le nom de *Dannevoux (Dannorum vallis* ou de *Danis-volo)*. C'était le 24 juin 888 ou 889. La tradition rapporte qu'avant la bataille, la Vierge Marie apparut à Eudes sur les hauteurs de Vauquois et l'assura de la victoire. Le pèlerinage à Notre-Dame de Vauquois, qui avait lieu anciennement le 24 juin, perpétue la mémoire de cet événement (3).

De 910 à 955, les Hongrois ravagent de nouveau tout le pays, à plu-

<hr>

(1) Une note de M. Léon Germain, l'érudit secrétaire perpétuel de l'Académie Stanislas de Nancy, parue dernièrement dans les Mémoires de la Société des Lettres de Bar (mai 1900), nous confirme dans la médiocre estime que nous accordons aux étymologies de M. Jeantin. Ici, comme nous l'avons fait pour Juvigny, notre but est simplement de les rappeler et de les donner pour ce qu'elles valent, tout en reconnaissant volontiers notre incompétence pour en proposer et en discuter d'autres.

(2) Cité par Pognon, p. 124 : « *Locum nobilem et frequentem virtutibus* ».

(3) Cf. Pognon, p. 130-134, pour les détails et l'étude critique des textes.

sieurs reprises, et forcent les chanoines de Montfaucon d'emporter les reliques de saint Baldéric à Wesling, au-delà du Rhin.

Château de Montfaucon. — Montfaucon devait également jouer un rôle dans les luttes féodales. Godefroy de Bouillon, l'immortel héros de la première croisade, avait fait construire deux châteaux-forts, l'un à Stenay, l'autre à Montfaucon (1081). Ce dernier servait de repaire à Henri de Grandpré et c'est de là qu'il portait le ravage sur les terres de Thierry, évêque de Verdun. Mais au moment de partir pour la croisade (1096), Godefroy se réconcilia avec l'évêque et fit démanteler le château. On prétend qu'il fut rebâti au XVIᵉ siècle ; toujours est-il qu'il existe encore plusieurs souterrains et que l'on peut suivre sur les flancs de la montagne le tracé de l'enceinte primitive.

Donation à la France. — En 1272, les chanoines de Montfaucon offrirent à Philippe-le-Hardi l'association « à la moitié de toutes leurs possessions, droits et justices, à savoir dans les lieux de Montfaucon, Chesserge (Septsarges), Cuisy, etc. » (charte de 1272). Cette donation fut confirmée à Philippe-le-Long en 1319. Désormais, Montfaucon et Septsarges sont terres françaises et le chapitre demeure le seul seigneur et décimateur de Montfaucon et des villages de la prévôté.

Le 22 mars 1296 eut lieu une transaction entre Montfaucon et Cessarges (sic) au sujet de la maladrerie ou léproserie élevée à proximité du sanctuaire de N.-D. des Malades : un prud'homme de Montfaucon et de Septsarges prenait part à son administration et les malades des deux localités atteints de la lèpre, riches ou pauvres, y étaient admis.

Les guerres au XVIᵉ siècle. — Pendant que Charles-Quint assiégeait Mézières (1526), défendue par le chevalier Bayard, les troupes impériales ravagèrent la Champagne et l'hospice de Montfaucon fut brûlé. En 1552, ces mêmes armées recommencèrent leurs dévastations : Montfaucon, Brieulles et les villages voisins furent pillés et livrés aux flammes. Des bâtiments de la léproserie, il ne resta que la chapelle de N.-D. des Malades, épargnée comme par miracle. Ce fut le connétable de Montmorency qui força le général ennemi Rossem à se retirer.

L'année 1562 fut tristement célèbre par les profanations et les dévastations multipliées des Huguenots dans un grand nombre de villes. Ces factieux, que certains auteurs voudraient représenter comme « d'inoffensifs chanteurs de psaumes », vinrent mettre le siège devant Verdun ; mais, grâce à la protection de la Vierge Marie, ils furent obligés de lever le siège (1). Cependant ils purent occuper et dévaster Rarécourt, Montfaucon, etc. Les Hessois se joignirent aux Huguenots, ces « voleurs, larrons, brigands et sacrilèges... et tout le mois de septembre se passa au milieu des troubles et des alarmes (2) ».

Quelques années plus tard (1589 ou 1590), durant les troubles de la Ligue, les bâtiments de l'Hôtel-Dieu furent brûlés pour la troisième fois et le parti lorrain subit une rude défaite au pied de Montfaucon.

(1) La procession du 3 septembre, dite des *Huguenots*, perpétue le souvenir de cet événement. Cf. Abbé Frussotte. *La procession dite des Huguenots*, Verdun, Laurent, 1899.

(2) Husson l'Écossois, cité par Pognon p. 336.

Montfaucon et Septsarges pendant le XVIIe siècle. — Des victimes de Richelieu, une de celles qui mérite le moins de compassion est Louis de Marillac, gouverneur de Verdun. Lorsque sa tête tomba sur l'échafaud en 1632, le pays de Verdun, et en particulier Montfaucon et Brieulles qu'il avait presssurés et ruinés, applaudit à l'inflexible justice du cardinal qui atteignait le plus souvent, dans ses adversaires personnels, les pires ennemis de l'Etat.

La guerre de Trente Ans (1618-1648) fut fatale à nos contrées. De 1630 à 1637, les Suédois, ces terribles alliés de la France dans une guerre impolitique, ravagèrent la Lorraine. En 1636, François de Lorraine passa la Meuse à Consenvoye avec une armée de Hongrois, de Croates et de Polonais : Montfaucon et dix-sept villages des environs (Sivry, Brieulles, Malancourt, etc.) furent livrés aux flammes. Ceux des habitants qui s'étaient réfugiés dans les forêts y périrent par la famine. Aux horreurs de la guerre avait succédé le fléau de la peste et, pendant trois ans, le pays resta désert et les terres sans culture. Dans ces tristes circonstances, saint Vincent de Paul fut le bienfaiteur de nos provinces désolées, alors en guerre avec la France : « La charité, disait-il, n'a pas de patrie ».

De 1650 à 1659, date de la paix des Pyrénées qui réunit à la France Montmédy, Damvillers, Marville, etc., la ville de Montfaucon fut occupée et rançonnée à diverses reprises, tantôt par les troupes espagnoles de Turenne (1650) et tantôt par les armées françaises du maréchal de la Ferté-Sénectère.

Septsarges au XVIIIe siècle. — Il paraît que nos ancêtres ont eu parfois maille à partir avec la maréchaussée. Bravant les autorités, ils allaient en plein jour, bien armés et par bandes de 50, 80 et 100 hommes, acheter du sel à Saint-Jean-lès-Marville pour le revendre en Champagne, en Brie et en Bourgogne. Nos faux-sauniers, non contents de ce commerce frauduleux, avaient tué plusieurs gardes et commis des exactions en différents lieux. Aussi, dans la nuit du 19 juillet 1706, M. d'Alanzy, brigadier des armées du roi (général de brigade) vint avec 5 compagnies de cavalerie et 150 hommes à pied des garnisons de Montmédy et de Longwy, cerner Montfaucon et s'emparer des faux-sauniers. Intimidés sans doute, ceux de Septsarges, de Cuisy et de Gercourt vinrent se soumettre (11 août). Le notaire Debauve, de Montfaucon, qui rapporte ce fait dans tous ses détails (1), adressa aux autorités royales une requête en leur faveur. Seuls, les repris de justice furent envoyés pour servir dans nos colonies d'Amérique ; les autres vinrent restituer 19 sacs de sel et faire serment de ne plus se livrer à cette fraude et de ne plus porter d'armes.

Le même manuscrit Debauve s'accorde avec l'histoire pour parler du terrible hiver de 1709 : « Les froments ont manqué, les arbres sont morts, le peuple ne mangeait que de l'avoine... » Plus loin, il note que le 4 février 1711, il y eut 11 portées de maisons brûlées à Septsarges.

Le 23 juin 1750, le chapître et son prévôt édictent un règlement de police en 23 articles ; en 1772, un autre concernant les poids et mesures et en 1788 sur les foires et marchés.

(1) Pognon, p. 454-455.

PRINCIPALES FAMILLES DE SEPTSARGES

Le chapitre étant l'unique seigneur et décimateur de Montfaucon et des sept villages de la prévôté, les familles dont le nom est précédé de la particule à Septsarges et dans les autres villages du Septiminium n'avaient d'autres droits que ceux de bourgeoisie.

Quant au manoir prévôtal dont parle M. Jeantin (1), s'il a jamais existé, il faut peut-être le chercher dans une maison de ferme appelée *la Cour*, située à la sortie du village, sur le chemin de Montfaucon. En effet, au commencement du siècle, la porte principale de cette ferme était surmontée d'un colombier et elle porte encore les traces d'un écusson mutilé. Peut-être aussi ce manoir fut-il ce qu'on appelle *le Galata*, dans la partie basse du village, qui fut habité par les Boulaye-Milet, les Garnier-Milet jusqu'à la Révolution et depuis, au commencement du siècle par les Garnier-de-Néon.

Les principales familles nobles de Septsarges, que M. Jeantin appelle des personnages de l'écuyerie des grands prévôts et dont plusieurs furent inhumés dans l'église, sont : Nicolas de la Lance, escuyer, époux de Magdeleine de Briey (1648) ; — Claude de Niger, escuyer, seigneur de Malinsac, époux de Magdeleine de Bigaut (1670) ; — Claude Vacquant épouse Jeanne de Niger de Bigaut (1682) ; — Torgnard de Bigot (?) (1690) ; — Robert Doyen, de la Vaux, lieutenant au baillage de Mouzon, marié à Catherine de la Lance, eut une fille, Marie-Anne, baptisée en 1692 ; — Claude de Niger, époux de Geneviève de Bigault. Celle-ci mourut en 1729 et fut inhumée dans l'église, de même que sa sœur qui avait épousé Philippe Legagneur de Moussy. — Les de Niger étaient alliés aux de Bongard, aux de Vassault (1701) et aux La Boulaye. — Une de Niger épouse une de Saint-Quentin d'Arzillemont (1735). — Un Wacquant épouse en 1697 une Geneviève de Niger, — Collet Jean une Catherine de Bigault ; en 1699, leur fille a pour parrain le seigneur de Cheppy et pour marraine demoiselle Philippe-Louise de Mouzay, dame de Nantillois et d'Autrécourt. — Jean-François Millet, licencié en droit, épouse en 1723 demoiselle Anne Legagneur de Moussy. — En 1732, Claude de Niger, ci-devant premier capitaine au régiment de Saintonge, épouse le 28 janvier, à une heure après minuit, en vertu d'une dispense, Marie-Madeleine Liégault ; ils reconnaissent et font mettre sous le « poil » *(sic)* avec eux leur fille Elisabeth ; en secondes noces, il épouse Marie Laboulaye de Graham (1734) ; il mourut en 1747 et fut inhumé dans l'église en présence des chanoine Oudin et Boutroux. Dans l'acte, il est qualifié de chevalier de saint Louis et de pensionnaire de Sa Majesté. — Messire René de Laboulaye, escuyer, lieutenant de grenadiers royaux, épouse Anne Millet Legagneur de Moussy (1753) ; — Thomas Garnier, époux de Nicole Doyen de la Vaux. Après la Révolution, un petit-fils de ce dernier épousa une fille du lieutenant-colonel de Néon qui avait accepté la triste succession de Beaurepaire, commandant de la place de Verdun. Ce de Néon avait été décapité en 1793 (2).

(1) Manuel, art. *Septsarges*, p. 1889.
(2) Sur ce point, le travail de M. l'abbé Lebarque nous a servi à compléter les notes que nous avions prises nous-même dans les registres paroissiaux.

PRINCIPALES PROFESSIONS

Dans les actes, les Collet et les Verjus surtout se qualifient de laboureurs. Les Dotte étaient meuniers. « Les vieilles familles de mouleurs Wacquant, Monchot et autres, étaient des artistes presque distingués dans le moulage des ornements (1) » et autres ouvrages en bois ou en corne. Les Gruselle exerçaient la profession de tisserands, sans en excepter Jean-Gille Gruselle, qui était maître d'école en 1790. Enfin les Watrin étaient fileurs de laine ; en 1790, la dime des laines leur avait été louée pour la somme de 172 livres.

DROITS ET PROPRIÉTÉS DU CHAPITRE A SEPTSARGES

Le livre-terrier de Septsarges, dressé en 1578, contenait 165 feuillets :

Il reconnaissait d'abord au Chapitre les droits de justice dans toute la terre et prévôté de Montfaucon et de Septsarges ; ensuite les droits de dime et terrage par tout le ban de Septsarges, excepté les contrées de Haraucourt et de Villers ; ces droits se payaient à raison de quinze deux. — Item, le droit de menue dime qui était de onze un sur les pois, fèves, chanvre, lin et navetz. — Item, le droit de dime sur les vins qui était de seize un. — Item, la dime de onze une sur les poules et autres, etc. — Item, certain droit de vente sur quelques maisons et héritages dudit Septsarges. — Item, huit quartels froment, une livre de cire et un chapon à prendre et percevoir chaque année sur le moulin Festu, à cause du cours d'eau dudit moulin. — Item, sur le moulin de Breuil, huit quartels froment, pour la fondation de feu M. Henri Caquet. — Item, dans ce terrier étaient rapportés plusieurs *bois*, tant au territoire de Septsarges que de Montfaucon, que les habitants dudit Septsarges tenaient en *droit d'usage* (2) dudit chapitre ; et, en cas *de vente, moitié de l'argent* en provenant appartenait au chapitre et l'autre aux habitants. — Item, finalement appartenait au chapitre une place où était précédemment le moulin de Guenoville, avec des terres et prés en dépendant, loués à titre de cens perpétuel, moyennant 24 quartels froment, une livre de cire et un chapon chaque année.

A ce terrier était annexé un contrat d'acquisition du ban d'Haraucourt et de Villers, de l'an 1660 (3).

D'après l'inventaire de 1680, la collégiale possédait sur le ban de Septsarges : la cense (ferme) *de la Festo*, celle de la Croix, contenant environ 24 jours de terre en roye et 4 fauchées 24 verges de prés, affermée à 12 quartels ; la cense Fréminet (9 jours de terre en roye et 43 verges de prés, affermée à 12 quartels) ; la cense Locart (10 ou 11 jours de terre et 3 fauchées de prés affermée à 4 reds moitage (4). Ces censes ont été données et léguées à Messieurs du chapitre pour des fondations ou obits célébrés dans leur église (5).

Dans les archives de la collégiale, 717 pièces concernaient Septsarges et particulièrement l'église et les dîmes, les cens en grains et en argent,

---

(1) JEANTIN. Manuel, art. *Septsarges*, p. 1800.
(2) Nous dirons plus loin ce qu'il faut penser de cette prétention du chapitre.
(3) Cf. POGNON, p. 276.
(4) Le *red* valait 16 quartels. — *Moitage*, à moitié.
(5) Cf. POGNON, p. 279-280. Inventaire de 1680 pour le Septiminium. (Bibliothèque nationale, section des manuscrits. Collection de Lorraine, nº 720).

les moulins, cours d'eau et grange dîmeresse, les censes le Croix et la Fête, Locart, Forzy, Fréminet, Bourin, enfin 72 pièces relatives aux bois (1).

En 1764, les dîmes et fermes louées en argent produisent à Septsarges 2.336 livres. Dans le compte de 1766, on voit que la menue dîme, à Septsarges, est louée 36 livres par le curé, qui doit payer en outre un quartel chennevis estimé 25 sols. Sur chaque personne qui vient habiter la prévôté, il se perçoit 8 sols 6 deniers, et ce droit s'appelle la *taille Saint-Germain* (2).

Le chapitre sait, au besoin, se montrer conciliant envers ses débiteurs : c'est ainsi que le 29 septembre 1780, il fait remise des arrérages qui lui sont dûs par son meunier du moulin de Breuil, à Septsarges, « ayant égard, dit la délibération capitulaire, à la grande misère du suppliant (3) ».

Voici, en ce qui concerne Septsarges, l'état des revenus annuels du chapitre de Montfaucon, dressé d'après les décrets de l'Assemblée nationale et arrêté par le Directoire du département de la Meuse, le 8 juin 1791 :

	livres	sols	deniers
Grosse dîme, terrage et rentelles, année commune...	3919	15	3
Le jardin de *la Grange*, loué à Pierre Moreau......	6	»	»
La menue dîme louée à Pierre et à Jacques Moreau..	67	8	»
Les censes *Locart*, *Fréminet*, la *Fête* et la *Croix* louées à Louis Verjus et consors...............	322	»	»
La cense *Forzy*, louée à Pierre Poncelet...........	253	9	»
Un cens annuel sur le *Moulin Fétu*, loué à Claude Dotte.....................................	27	8	»
Le moulin *de Breuil*, loué au même	145	14	3
Les terres défrichées louées à divers..............	21	10	»
Un cens sur un pré de Mme de Vassaux de Brieulles.	»	12	»
Un terrain loué à Jacques Moreau 2 pots 1/2 de vin à 20 sols l'un.....................................	2	10	»
Un autre à P. Moreau, loué moyennant 2 pots de vin	2	»	»
La dîme des vins, une pièce estimée	36	»	»
Total des revenus du chapitre à Septsarges......	4804	11	6

Le total général des revenus du chapitre est de 46.464 livres 6 sols 3 deniers et celui de ses dépenses (4) se monte à 9.961 livres 9 sols 6 deniers. Ce reliquat, réparti entre les 28 chanoines, donnait pour chacun 1.279 livres et l'Assemblée départementale fixa elle-même leur traitement à 1.139 livres (5). Voilà ce que leur attribuait un gouvernement révolutionnaire et spoliateur. On conviendra que ce chiffre n'est pas excessif, si l'on

(1) Cf. Pognon, p. 520. Inventaire du 12 octobre 1790 (arch. départ. de la Meuse). Les anciens de Septsarges se souviennent encore de la plupart de ces dénominations, dont plusieurs sont encore usitées.

(2) Cf. Pognon, p. 419-420.

(3) Ibidem, p. 429.

(4) Dans le chiffre de ces dépenses figure, comme nous le dirons plus loin, la *portion congrue* ou traitement du curé de Septsarges, nouvellement fixée à 1200 livres.

(5) Cf. Pognon, p. 530.

se rappelle que chaque chanoine avait son train de maison et vivait à part (1).

Les biens de l'antique collégiale de Montfaucon, déclarés propriété nationale, ne tardèrent pas à être vendus à vil prix.

Pour donner une idée de ce gaspillage, il nous suffira de dire qu'une ferme de Septsarges, donnée au chapitre par Anne Millet, veuve Laboulaye, pour constituer une rente de 200 livres au profit de l'institutrice des jeunes filles de Montfaucon, fut adjugée le 4 novembre 1796 pour la la somme de 180.300 livres *en assignats* ; c'était, en réalité, pour la somme dérisoire de 900 francs environ (2).

(1) Que n'a-t-on pas dit et quels préjugés répandus dans les masses sur la prétendue richesse du clergé sous l'ancien régime et de nos jours encore ! On oublie trop l'origine sacrée de ces biens et les charges dont ils étaient grevés : le *don gratuit* (près de 4 millions), les *décimes*, les *vingtièmes*, la *capitation* (dont il s'était racheté en 1709 pour 24 millions), les *abbés commandataires* laïques imposés aux monastères dont ils absorbaient la plus grande partie des ressources, laissant aux religieux à peine le nécessaire, les *pains d'abbaye* ou *pensions* que le roi assignait sur les revenus d'un établissement (l'évêché de Mende, par exemple, payait un peu plus de 10.000 livres de pensions), l'entretien du clergé et des édifices du culte, un grand nombre d'hôpitaux, de collèges et d'écoles, l'assistance des pauvres, telles étaient ces charges principales, correspondant presque à celles de nos budgets actuels des cultes, de l'instruction publique et de l'assistance publique.

Croirait-on que le revenu net de la célèbre et riche abbaye d'Orval, dont les ruines imposantes se dressent en Belgique, à quelques kilomètres de la frontière française, ne s'élevait, en 1787, qu'à 8.094 florins, soit 13.350 francs, ce qui représente une somme de 200 francs environ par personne à entretenir. Il y a loin de ce chiffre fourni par des documents authentiques aux 1.200.000 francs dont parle le bon Jeantin dans ses *Chroniques* (fantaisistes) *d'Orval*. (N. Tillière. *Hist. d'Orval*, p. 572). J'ai dit ailleurs *(L'Abbaye royale de Juvigny-les-Dames en 1790)* que, pour Juvigny, l'excédent de recettes sur les dépenses s'élevait, en 1787 également, à 10.578 livres, à peine 170 livres par personne ; et c'est le chiffre le plus élevé que j'aie rencontré, l'année suivante le revenu tombait à 1.627 livres. L'abbaye entretenait le chœur de 16 églises et fournissait le traitement à 12 curés. Ces deux exemples, joints à celui de notre collégiale, suffiront, je pense, pour éclairer les personnes de bonne foi.

Il résulte des documents annexés au budget (loi du 11 juillet 1899) que la *main-morte* tant reprochée de nos jours aux congrégations vouées à l'enseignement ou à la charité est de *deux et demi pour mille* de la fortune immobilière de la France, ce qui fait environ 300 francs par personne. Et ce sont les chiffres officiels ! Si l'on se rappelle que l'immeuble des Ursulines de Bourges, estimé 700.000 francs par l'administration, a été ramené à 170.000 francs seulement par une expertise judiciaire, on peut juger de leur exactitude. Au contraire, la fortune des Juifs, qui ne sont pas le *trois centième* de la population, s'élève certainement au *quart* (d'autres disent au *tiers)* de la fortune totale de la France. Là est le véritable péril et non dans ce que possèdent les congrégations qui paient, suivant le cas, de 6 fois à 2.000 fois plus d'impôts que les *sociétés financières*.

On me pardonnera cette longue digression qui répond trop bien aux préoccupations actuelles et qui pourra servir à réfuter les cartes fantaisistes dressées et répandues par les journaux maçonniques. (Cf. sur cette question les travaux de M. A. Robert, éminent jurisconsulte de Rouen. Œuvre de la Bonne Presse, 5, rue Bayard, Paris).

(2) Cf. Pognon, p. 264.

Nous avons rappelé, à propos de Juvigny, que le résultat de cette destruction violente des établissements religieux fut la perte irréparable de richesses artistiques et littéraires considérables. D'ailleurs, qui donc a profité de la suppression des couvents et de la confiscation de leurs biens ? Ce n'est pas l'État qui fut acculé à la plus colossale des banqueroutes (23 milliards 200 millions) ; ce ne sont pas davantage ces familles sans scrupules subitement enrichies, car pour elles, comme pour l'État, le dicton populaire, écho de la justice éternelle, n'a pas tardé à se vérifier : *Biens mal acquis ne profitent jamais !* Dans ces tristes circonstances, le droit de propriété a reçu, dans la personne des religieux, une profonde atteinte. Rousseau, dans son *Contrat social*, avait donné cette théorie subversive, la Révolution la mit en pratique. Proudhon et nos modernes socialistes se contentent de pousser le funeste principe à ses dernières conséquences. On peut dire, l'histoire en mains, que la sécularisation (c'est-à-dire le vol) des biens ecclésiastiques a toujours été le prélude des attentats contre la propriété privée (1).

MAIRES ET ÉCHEVINS

Sous l'ancien régime, nous l'avons dit, Septsarges faisait partie de la commune de Montfaucon. Ceux des maires qui se qualifient « mayeurs en la justice de Montfaucon et Septsarges » sont :

François Gatelet (1681).

Nicolas Habrant (1685).

Hubert Notelet (1697).

Jean Bienaimé (1726).

Joseph Loyaux (1730).

Mangin-Maréchal (1731).

Jean Liégault (1747).

Pierre Richard (1752) (2).

MAITRES OU RÉGENTS D'ÉCOLES

Ce furent :

Thomas Desgranges (1693-1700).

Jean Baré (1700-1725).

Antoine Curé-Duval (1725-1727).

Nicolas Lemoyne (1727-1738).

Jean Coulon (1738-1744).

Pierre Neveux (1744-1784).

Jean-Gilles Gruselle (1790-1845).

II

LA COMMUNE DE SEPTSARGES

Avant 1790, Montfaucon et Septsarges faisaient partie du bailliage de Clermont, siégeant à Varennes, et dépendaient du présidial de Reims et du parlement de Paris.

Lors de la division de la France en départements, Montfaucon devint chef-lieu de canton du district de Clermont-en-Argonne et comprit huit communes : Montfaucon, Cierges, Cuisy, Épinonville, Gesnes, Nantillois, Romagne et Septsarges. En 1800, on lui ajouta 10 communes : Banthe-

(1) *L'Abbaye royale de Juvigny-les-Dames en 1790*, p. 18.

(2) M. Pognon, p. 486-487, en donne une liste un peu plus complète pour Montfaucon.

ville, Brabant-sur-Meuse, Consenvoye, Dannevoux, Forges, Regnéville, Gercourt-Drillancourt, Haumont-près-Samogneux, Cunel et Sivry-sur-Meuse. En même temps, il était rattaché à l'arrondissement de Montmédy.

Septsarges forma dès lors une commune indépendante de Montfaucon, avec son administration particulière.

De cette période, je citerai seulement des extraits d'un *Mémoire* relatif aux dépenses de la fête de la Fédération (14 juillet 1790) :

Compte que le sieur Pierre Wacquant, procureur de la commune de Septsarges, rend aux officiers municipaux et notables formant le conseil général de la commune dudit Septsarges, des deniers provenant des arbres dépérissants et chablis... pour les deniers en provenant être employés aux frais et dépenses occasionnés par la confédération générale du quatorze juillet.

A fait recette le comptable de la somme de 402 livres 5 sols...

A fait dépense le comptable de la somme de 34 livres pour l'achat des cocardes et rubans des couleurs nationales distribués à la garde nationale et cytoyens de Septsarges le jour de la Confédération... de celle de 96 livres pour prix du pain et du vin employés le jour de la Confédération pour le repas général de tous les habitants réunis en une seule famille... de celle de 43 livres pour prix du tambour en cuivre devant servir à la garde Nationale et pour dépenses faites à l'occasion de celui qui l'a fourni et apporté de Verdun (pour les rafraîchissements qu'il a pris en cours de route, sans doute)... de celle de 153 livres 2 sols pour fourniture de viandes et surplus de dépenses faites le jour de la confédération tant par les Cytoyens qu'à l'occasion d'un détachement de la garde Nationale de Nantillois venu à Septsarges, suivant le mémoire de Toussaint Bienaimé présenté aux officiers municipaux et vu bon par eux... de celle de 3 livres 18 sols pour prix de dragées de Verdun distribuées aux petits enfants de la paroisse le jour de la Confédération... de celle de 11 livres 12 sols pour l'achat de 6 livres de poudre à tirer... de celle de 16 livres pour prix de deux moutons venant de Pierre Poncelet... de celle de 4 livres payée à Didier Collet pour avoir fourni du lard pour l'accomodage des viandes... de celle d'une livre 1 sol tant pour le racomodage d'un tonneau qui a servi à aller chercher du vin à Dennevoux *(sic)* que pour le port d'une lettre qui concernait la Communauté...

Ce curieux mémoire nous apprend en outre que l'on a versé une livre deux sols au messager de Montfaucon à Sainte-Menehould « pour le port des lettres et paquets tant de la part de la Communauté que de celle du subdélégué et assemblée administrative pendant six mois ». Les autres dépenses étrangères à la fête sont de 24 livres versées aux entrepreneurs des fossés de la lisière des bois communs de Septsarges et de Malancourt, enfin de 14 livres 10 sols pour voyages faits à Verdun tant par le comptable que par les sieurs Didier Collet et Remy Verjus.

En résumé, nos braves gens ont si bien solennisé cette fête qui, malgré son caractère révolutionnaire, était pourtant, comme on l'a appelée, une éclaircie entre deux orages, que « la recette s'est trouvée égale à la dépense (1). »

La correspondance de M. Raulin, juge de paix à Montfaucon, signale une panique dans les premiers mois de 1814 : « Tout le monde fait des baraques dans les bois pour sauver gens et bestiaux ». — On réquisitionne pour Verdun et Montmédy. — 30 avril : Pillage des ennemis qui se donnent pour nos amis : excès inouïs. — 7 mai : Les Prussiens, dont nous

(1) Copie communiquée par M. l'abbé Lebarque.

— 13 —

avons déjà reçu une visite, sont très malhonnêtes et se comportent très mal. Tous les villages à l'entour sont pleins de Russes.

L'occupation allemande dure jusqu'au 23 mars 1816. Nous avons connu des vieillards qui avaient retenu de leurs hôtes forcés des bribes de patois allemand.

Vers 1850 fut terminée la *maison commune* actuelle. L'architecte avait été M. Fréminet et l'entrepreneur M. Lemoine, de Villers-devant-Dun. Elle coûta, dit-on, 30.000 francs environ (1).

Auparavant, l'école était voisine du presbytère, et nous avons vu l'ancienne salle de classe occupée par des tours et transformée, l'hiver surtout, en fabrique de moulures, d'ornements et de boutons en bois ou en corne.

En 1854, le choléra fit 22 victimes à Septsarges qui comptait alors 370 habitants.

Le 24 août 1870, les éclaireurs de l'armée du prince de Saxe, qui devait gagner la bataille de Beaumont, font leur première apparition, et les 27, 28 et 29 août, les troupes allemandes inondèrent le village. « Elles s'y sont livrées, dit le registre des délibérations du conseil municipal (séance du 22 janvier 1871) à un pillage inqualifiable ». Ces troupes et celles qui leur succédèrent causèrent pour environ 30.000 francs de dommages aux habitants (2).

Depuis la Révolution, Septsarges eut pour maires :

An III. Nicolas Huot, maire.
An IV. Th.-Baldéric Sartelet, officier municipal.
An VIII. J.-L. Wacquant, maire.
1813. R.-L. Garnier.
1816. J.-B. Watrin.
1827. Louis Watrin, chevalier de la Légion d'honneur.
1848. A.-L. Garnier.
1855. François Wacquant.
1861. Thomas Gérard.
1869. Louis Verjus, adjoint faisant fonctions de maire.
1871. Didier-Nicolas Wacquant.
1876. Pierre-Maximin Collet.
1878. J.-P. Prudhomme.
1884. P.-M. Collet.
1890. René Brugnon.

Pendant la même période, les instituteurs sont :

1790. Jean-Gilles Gruselle.
1845. Ambroise Vilmorin.
1860. Claude Trumelet.
1861. Alphonse Brion.
1864. Célestin Harmant.
1866. Honoré Erard.
1871. Eugène Thibès.
1877. Émile Bauny.
1886. Albert Dasse.
1895. Lalfert.
1898. Nicolas.
1899. Brocard.

De 1830 à 1840, Septsarges eut une école de filles dirigée par une institutrice. La population de la commune avait atteint à cette époque son chiffre le plus élevé : 408 habitants en 1838.

<hr>

(1) Le temps nous a fait défaut pour chercher des renseignements positifs aux archives municipales.

(2) En cas de guerre, la position de Montfaucon serait précieuse pour la défensive en face d'une armée ennemie qui aurait franchi la Meuse aux ponts de Sivry et Vilosnes ou bien aux passages guéables de Brabant et Samogneux. L'artillerie trouverait des positions avantageuses sur les hauteurs qui dominent Septsarges. (Cf. POGNON, p. 644).

RÉGIME DES BOIS ET PROCÈS FORESTIER

De temps immémorial, les habitants de Septsarges se sont regardés comme propriétaires des bois de leur communauté. Le « tiers denier de la vendue » qu'ils payaient au chapitre de Montfaucon ne paraît être qu'une simple redevance féodale. Les titres ne manquent pas pour affirmer leurs droits.

C'est d'abord un jugement du 2 mars 1447 rendu par le lieutenant général du Grand-Maître des Eaux et Forêts, qui « maintient les habitants en possession *pleine* et *paisible* de tous leurs *droits en leurs dits Bois*, consistant dans le pouvoir d'y chasser à leur loisir, d'y prendre bois pour brûler et pour bâtir, d'exploiter et de vendre sans surveillance d'aucun maître, pourvu que la vente se fît par *l'accord de la plus saine partie des habitants* ». Une autre sentence, du 15 février 1484, « conserve à pur et à plein les habitants de la dite ville (1) dans leurs droits anciens.

Ces deux titres primitifs ont plus de valeur probante pour affirmer les droits des habitants de Septsarges sur leurs bois que la transaction arbitraire et abusive de 1531 qui les dépouille injustement d'une partie de leurs droits et élève leurs redevances du tiers à la moitié de la vente. Ces titres, disons-nous, ne peuvent être davantage infirmés par la déclaration du chapître (1578) qualifiant à son profit les bois de Septsarges de *bois usagers*, ni par une sentence du présidial de Reims (1625) qui, tout en condamnant les habitants à payer leurs redevances féodales, ordonne qu'un *marteau de balivage* leur soit délivré pour procéder à la coupe de leurs bois, reconnaissant ainsi leurs droits de propriétaires (2).

Depuis 1802, l'Etat, se substituant au chapître de Montfaucon, s'est attribué moitié de la futaie dans les coupes affouagères et le quart de toute l'exploitation de la réserve. Appuyé sur les titres énoncés ci-dessus, M. l'abbé Théodore Vincent, curé de Septsarges de 1853 à 1873, et décédé, en 1895, curé-doyen de Charny et chanoine honoraire, entreprit de faire déclarer la commune *seule propriétaire* de tous ses bois. C'était s'attaquer à trop forte partie. Cependant le tribunal de Montmédy, par un jugement du 21 avril 1875, la déclara propriétaire tréfoncière par indivis avec l'Etat. Malheureusement, la cour d'appel de Nancy, par un arrêt du 8 juin 1878, « dit que l'Etat est seul propriétaire de la forêt de Septsarges et que la commune n'a sur cette forêt que des droits d'usages dans les limites de sa jouissance plus que séculaire, c'est-à-dire le droit à la moitié de la futaie des coupes affouagères et aux trois quarts de la futaie du quart en réserve, le surplus restant à l'Etat ».

Malgré l'insuccès final de sa tentative, la commune doit tenir compte à ce prêtre aussi savant que pieux de tous les travaux et de toutes les démarches que lui a coûtés ce procès, ainsi qu'en témoignent et le dossier de ce procès et la volumineuse correspondance du bon curé, que nous

(1) On donnait le nom de *villes* aux communes rurales régies par la coutume de Beaumont.

(2) Cf. *Procès forestier entre l'Etat et la commune de Septsarges*. Verdun, Ch. Laurent 1874, brochure dans laquelle M. l'abbé Vincent donne le développement juridique de ces arguments.

avons parcourue avec intérêt (v. aux archives municipales la liasse : *Procès forestier*, etc.) La seule récompense souhaitée par son zèle eût été de voir la reconstruction ou du moins la restauration de l'église paroissiale.

Actuellement, la commune de Septsarges possède 194 hectares 89 centiares, dont 162 h. 24 sur son territoire et 32 h. 65 sur celui de Montfaucon. Un arrêt du Conseil d'Etat ordonna, en 1727, l'aménagement de la forêt de Septsarges en deux lots. Le premier (120 hectares) est partagé en *20 coupes affouagères* annuelles, d'environ 6 hectares chacune, séparées par des *lignes* de 1 mètre de largeur. Le second lot (canton de Malinsart) forme le *quart en réserve*.

Les habitants jouissent de tout le taillis, tandis que l'Etat, comme nous l'avons dit, s'est attribué la moitié de la futaie des coupes affouagères et le quart de l'exploitation de toute la réserve. Disons, pour ne pas y revenir, que ces coupes sont trop fréquentes et que la quote-part de chaque feu, abaissée à 15 francs en moyenne, grâce à la contribution de la commune aux frais de l'exploitation, ne représente plus guère aujourd'hui que la valeur du bois. (Voir ci-après les principales essences de bois).

III

LA PAROISSE

En raison de la communauté d'origine, Septsarges relevait également de Montfaucon pour le spirituel. Cependant, Epinonville et Septsarges sont les seules paroisses du *Septimininm* qui reconnaissent saint Baldéric pour patron ; à Montfaucon, le patron titulaire est saint Germain ; saint Baldéric ne vient qu'au second rang.

D'après le *Pouillé* du diocèse de Reims (1346), Montfaucon, avec Septsarges et Nantillois pour annexes, fait partie du doyenné de Dun (1).

Le journal de visite de Mgr Le Tellier, archevêque de Reims, mentionne comme curé de Montfaucon et desservant de Septsarges Jean-Archambault François (1682) (2). Les vicaires de Montfaucon chargés de Septsarges furent successivement Jacques Michel (1688), Jean-François Collard (1691), François Leloyal, religieux augustin (1694) et Henri Jodin, prêtre du diocèse de Trèves (1698). La portion congrue de ces vicaires était de 200 livres. « Je ferai une cure à Cessarge, qui aura Nantilloy pour secours. J'y mettrai, avec le secours de Dieu, un bon prêtre (3) » dit Mgr Le Tellier dans son journal, le 2 août 1698. De fait, par une ordonnance du 2 mars 1699, il érige Septsarges en paroisse indépendante, avec Nantillois pour annexe.

(1) Le 3ᵉ jour des Rogations, le chapitre se rendait à Cuisy. Au retour, on disait une messe basse à la chapelle de Septsarges « pour donner tems au peuple de se reposer » et chaque chanoine recevait 10 sols tournois pour son assistance à la procession. (Statuts de 1672. Cf. POGNON, p. 375).

(2) Dans une première visite, l'archevêque avait constaté que l'église de Septsarges ne possédait qu'un calice d'étain ; en 1682, il en trouve un d'argent. (POGNON, p. 388).

(3) Cf. POGNON, p. 366.

Jean Meslier (1699) est le premier curé à portion congrue (1) payée par le chapître. En 1769, le traitement du desservant est porté de 300 à 500 livres, et il était de 1200 livres (environ 1800 francs) d'après l'Inventaire de 1790.

Le curé Meslier mourut en 1747 et Jean Liégault, échevin en la mairie de Montfaucon et Septsarges, assista à son inhumation. Son successeur par intérim fut N.-F. Bernard, de la maison des Cordeliers de Varennes. Charles-Nicolas Paté est ensuite curé titulaire de 1748 à 1752. Cette même année (1752), Etienne Garot se donne le titre de desservant. Ce fut ensuite Louis Chevalot qui desservit la paroisse pendant près de trente ans, de 1753 à 1782. Il eut la joie de bénir la nouvelle église le 17 décembre 1771.

Depuis l'érection de Septsarges en paroisse, on voit assez souvent figurer dans les actes les noms de prêtres étrangers. Ce sont les chanoines Bara, François, Guillaume, Caillet, Moët, Bourlois, Neveux, qui remplacent les curés à différentes reprises. Tantôt ce sont des religieux : les cordeliers Bernard, Charron, Poirot, de la maison de Varennes, et Remy Boneton, supérieur des Minimes de Verdun. En 1732, Maître Nicolas Lambinet, chanoine de Montfaucon, célèbre le mariage de Claude de Niger et de Magdeleine Liégault, dont nous parlons ci-dessus. Le chanoine Neveux préside aux funérailles de Pierre Chevalot, en présence du curé, fils du défunt (1772). Citons encore Jean-Louis Mauclet, docteur en théologie de la Maison et Société de Sorbonne, qui baptise un enfant de la famille Dardare-Huot. Enfin les curés et vicaires de Montfaucon, entre autres Jean-Archambeau François et Thomas Mareschal, viennent remplacer le curé de Septsarges (2).

Le dernier titulaire avant la Révolution, à partir de 1782, est Jean-Baptiste Guijon. En 1793, il est chargé de la rédaction des actes de l'état-civil et signe : « J.-B. Guijon, notaire, officier public, membre du conseil général de la commune de Septsarges ». Avait-il prêté le serment schismatique imposé par la Constituante ? Nous ne pouvons l'affirmer en l'absence de document explicite. Toutefois, il avait dû *faire preuve de civisme*, comme on disait alors. En effet, un acte du 20 brumaire an III (1794), par lequel il adopte une nièce, Jeanne-Catherine Dupont, originaire de Verpel (Ardennes), porte « *qu'animé des sentiments d'humanité, d'amitié et de commisération que lui inspire son républicanisme*

---

(1) Ce mot, dont l'étymologie signifie *convenable*, est pris aujourd'hui en mauvaise part en souvenir de l'état de gêne dans lequel on laissait parfois le bas clergé des campagnes. Mais ne soyons pas trop sévères pour ces abus. Est-ce que de nos jours le *traitement convenable*, assuré par le Concordat, ne réduit pas nos prêtres à une simple *portion congrue* dont beaucoup de fonctionnaires, et même les ministres des cultes protestant ou israélite ne voudraient pas se contenter ? Cependant ce soi-disant traitement n'est qu'une *indemnité*, une *rente* pour les biens d'église confisqués par la Constituante, encore si cette indemnité n'était pas à la merci d'un ministre qui peut la supprimer sans débat, sans jugement, de la façon la plus arbitraire.

(2) Dans une série d'articles publiés par le *Journal de Montmédy*, en novembre et décembre 1895, M. l'abbé Lebarque, curé de Liny-devant-Dun, alors curé de Septsarges, s'est étendu davantage sur les prêtres signataires des actes de notre ancien état-civil.

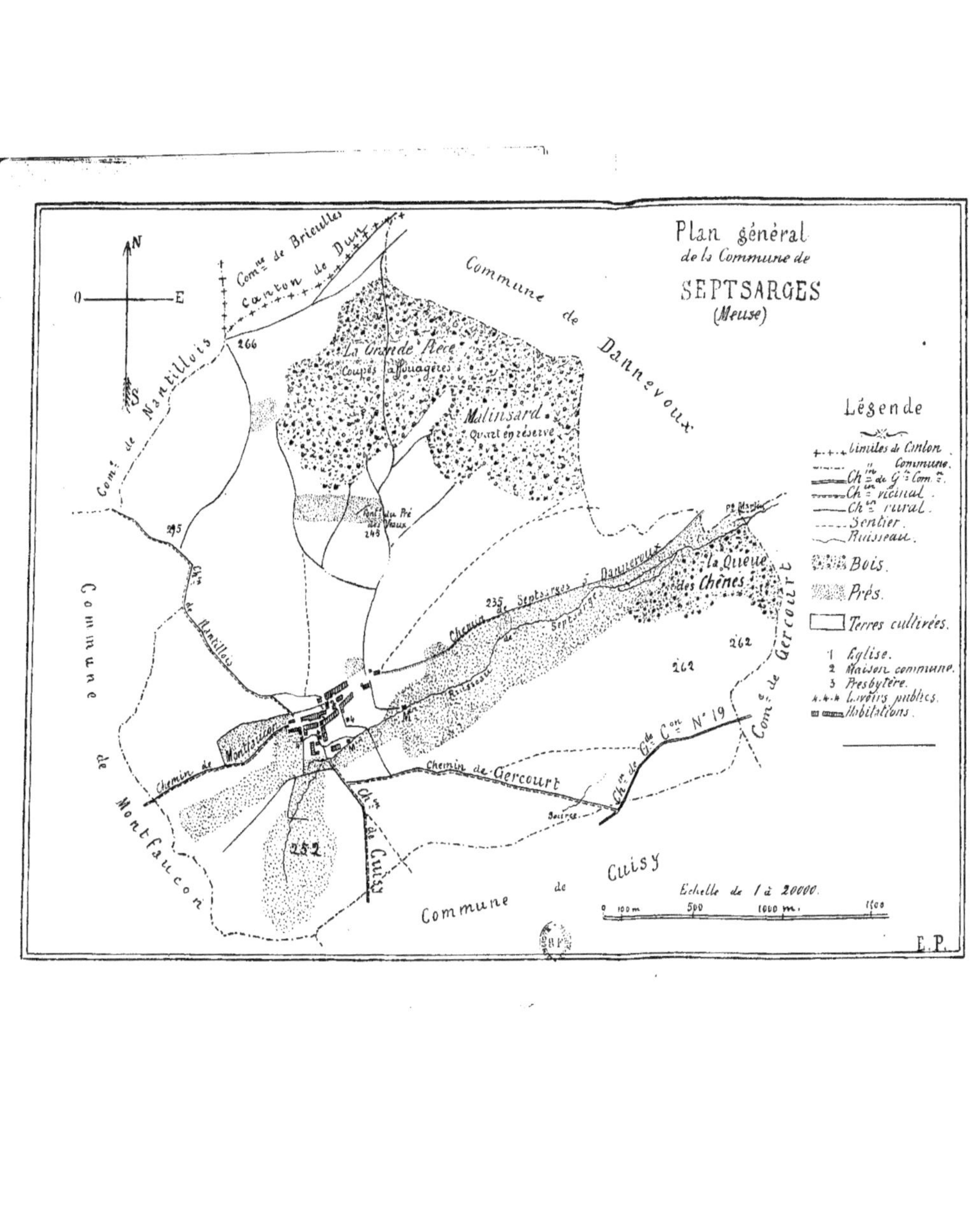

Plan général
de la Commune de
SEPTSARGES
(Meuse)

N
O — E
S

Com.e de Brieulles
Canton de Dun
Com.e de Montillois
266
Commune de Dannevoux
La Grande Pièce
Coupes affouagères
Malinsard
Quart en réserve
295
Fond du Pré des Veaux
248
Com.e de Montillois
Ch. de Montillois
Chemin de Septsarges à Dannevoux
235 Septsarges à Septsarges
Pt Martin
Dannevoux
La Queue des Chênes
262
262
Com.e de Gercourt
Ruisseau
M
Commune de Montfaucon
Chemin de Montillois
Ch. de Cuisy
252
Chemin de Gercourt
Source
Ch.in de G.de Com.on N° 19
Commune de Cuisy

Légende
+.+.+ Limites de Canton.
" Commune.
Ch.in de G.de Com.e
Ch.in vicinal.
Ch.in rural.
Sentier.
Ruisseau.
Bois.
Prés.
Terres cultivées.
1 Église.
2 Maison commune.
3 Presbytère.
4.4.4 Lavoirs publics.
Habitations.

Echelle de 1 à 20000.
0   100 m   500   1000 m.   1500

E. P.

en faveur de la nommée... âgée d'onze ans... le dit citoyen J.-B. Guijon n'avoir aucun autre motif dans sa présente adoption que de bien mériter de la patrie et de vouloir exercer et jouir de tous les droits et prérogatives accordées à tout vrai et fidèle républicain dont il se fera toujours honneur d'être ainsi qualifié et d'en porter le titre (1) ».

Cependant celui qui s'intitule « ex-curé de Nantillois et Septsarges » a continué d'administrer les Sacrements durant les mauvais jours de la Révolution. Nous avons trouvé, en effet, dans les archives de la Fabrique un cahier en papier ordinaire, d'un format portatif, sur lequel le curé J.-B. Guijon a consigné les actes de son ministère à Septsarges et dans les paroisses voisines.

Est-ce comme précaution, ou bien en vertu d'une disposition de l'autorité, ce cahier porte en tête : « *Registre des baptêmes, mariages et sépultures... pour servir de notes et renseignements au citoyen curé du dit Septsarges* ». Les feuillets ne sont nullement paraphés, les actes y sont rédigés en la forme ordinaire et datés selon le calendrier grégorien ; les années sont simplement séparées par une croix. Le curé accorde lui-même pour les mariages les dispenses de temps prohibé et, à partir de 1794, il ajoute « *la publication des bans ayant été omise en vertu des décrets de la Convention nationale* ».

Guijon mentionne deux interruptions de son ministère : « † *Le 6 avril 1794, mes fonctions curiales ont été suspendues et je les ai reprises le 28 juin 1795, après quoi j'ai constaté les naissances, mariages et sépultures par les notes suivantes : ....* » Il signe un acte à Cuisy le 10 juillet et, le 19, fait à Ivoiry le baptême d'un enfant âgé de 13 mois. Suivent d'autres actes, non-seulement à Septsarges et à Cuisy, mais encore dans les paroisses de Montfaucon, Cheppy, Malancourt... Autre interruption : « *Le 17 décembre 1797, aussitôt après le baptême cy-dessus, j'ai cessé toutes les fonctions du ministère (2)* ». Mais, dès le 4 janvier, il signe de nouveau un baptême. Cette soumission à l'autorité civile, en matière religieuse, ne ferait-t-elle pas supposer que le curé Guijon était assermenté ? Nous le trouvons ensuite, après le Concordat, curé de Nantillois.

Disons aussi que quelques actes pour Septsarges figurent sur les registres de la paroisse de Montfaucon durant les années 1795, 1796 et 1797 (3). Enfin un état du doyenné de Montfaucon, dressé par le doyen M. Gatelet en août 1804, fournit les renseignements suivants : « Nantillois. — M. Guijon J.-B, né le 12 août 1749. Bonne santé. 110 feux. On est en diligence pour le loyer. Ancienne annexe de Septsarges où le presbytère existe ». — « Septsarges et Cuisy. — M. Pierrot François, né le 26

---

(1) On reconnaît dans ce jargon ampoulé un écho des tirades sentimentales à la Rousseau. Cette prétention de vouloir remplacer la vieille charité chrétienne par la philanthropie n'aboutit, hélas ! qu'à la fraternité de la guillotine. Puisse, du moins, l'expérience du passé servir de leçon à nos modernes partisans de l'altruisme.

(2) Cette dernière interruption correspond aux mesures de rigueur reprises par le Directoire après le coup d'Etat de fructidor (4 septembre 1797).

(3) POGNON, p. 570.

novembre 1753. Santé variable. 92 et 58 feux. Assez bien logé. — Si Cuisy doit être donné à Montfaucon, il conviendrait que Nantillois redevînt annexe de Septsarges (1) ».

Depuis le Concordat, les desservants de Septsarges sont :

J.-B. Guijon, jusqu'en 1803.

F. Pierrot, qui dessert Cuisy, 1804.

Jacques Gatelet, 1807.

Le vicaire de Montfaucon, de 1826 à 1831.

Jean-François Dollière, 1831.

Jean-Baptiste Gensquin, 1834.

Jean-François Duc, 1841.

Jean-Baptiste Goz, curé de Nantillois, 1851.

Théodore Vincent, 1853-1873.

M. Pognon, curé de Gercourt, 1873.

Jules Lemarchal, 1875.

Célestin Juppin, qui reprend l'annexe de Cuisy, 1876.

Saintignon, 1880.

Ch.-Auguste Degène, 1881.

Alfred Lebarque, 1889.

Charles Parizot, 1896.

ÉGLISE

L'ancienne église, dont l'époque de construction nous est inconnue, était située au centre même du village, en face du presbytère actuel. A proximité se trouvait le cimetière, ainsi que l'atteste la tradition confirmée par l'exhumation assez fréquente d'ossements humains dans les maisons et les jardins du voisinage (2).

Au reste, ce terrain est demeuré longtemps communal et, nous l'avons dit, jusqu'à la construction de la maison commune, l'école était voisine du presbytère.

« Vers 1850, dit M. l'abbé Lebarque, on établit une fontaine et un abreuvoir à peu près sur l'emplacement de l'ancienne église dont bon nombre de vieillards se souvenaient encore. Une main courante en fer forgé, surmontée d'une croix, fut le principal ornement de cette fontaine (3) » Aujourd'hui, la fontaine et l'abreuvoir ont été déplacés, mais la croix reste comme souvenir de cette église primitive qui tenait une si grande place dans la vie de nos pères et dans laquelle, bien souvent, ils sont venus chercher, au pied des autels, force et consolation.

L'église actuelle remonte à 1774. Elle n'a aucun cachet d'architecture ; mais, grâce au zèle des pasteurs qui se sont succédé dans la paroisse, à la bonne volonté de la municipalité et aux offrandes des paroissiens, elle a été restaurée à différentes reprises et, en dernier lieu, pourvue d'autels convenables. La réfection de la toiture, du clocher et de la façade est en voie d'exécution (4).

(1) Poinson, p. 596.

(2) Nous en avons été témoin nous-même dans notre enfance.

(3) Art. précités.

(4) En mars dernier, a eu lieu l'adjudication des travaux dont le devis s'élève à 9000 francs, sur lesquels l'État donne un secours de 1780 francs. Les deux cloches, du poids de 392 kilog. et de 280 kilog., donnaient le *si* et le *si* *bémol* : elles viennent d'être refondues par MM. Farnier-Balteaux et fils, de Mont-devant-Sassey, dont la maison est connue et appréciée dans nos régions depuis deux siècles. Les deux nouvelles, qui seront bénites dans le courant du mois d'août, ont un diamètre maximum de 1m05 et 0m94 ; elles pèsent respectivement 653 kilog. et 495 kilog. et donnent le *fa* et le *sol*. Les inscriptions traditionnelles portent la date de 1900. Elles ont pour

Nous avons relevé sur les registres paroissiaux, pour l'année 1771, l'acte de bénédiction de l'église et du cimetière qui l'entoure ; le voici textuellement :

L'an de grâce Mil sept cent septante un, le dix-sept° décembre, Je soussigné Louis Chevalot prêtre curé de Septsarge en vertus du pouvoir que j'ay reçus de M° Jacquemart vicaire général de Monseigneur l'Archevêque duc de Reims j'ay bénis le nouveau cimetière et la nouvelle église de Septsarge en présence de Messieurs Mouet, Bourlois et Neveux, tous trois chanoines de Montfaucon et de Jean Liégault, sindic du lieu et des habitans qui ont signés les jour mois et an susdits.

Signé : C. Mouet, Neveux, Jean Liégaut sindic, Bourlois, Huot, Philippe Collas. P. Neveux, Didier Collet le jeune, Chevalot, Jacques Liégault, Thomas Baldéric Sartellet.

Le 10 août 1885, les reliques de saint Baldéric ayant été retrouvées par le pieux et savant abbé Pognon, doyen de Montfaucon, Septsarges, comme les autres paroisses du Septiminium, obtint une parcelle de ces reliques après qu'elles eurent été reconnues et authentiquées par les soins de Mgr Gonindart (1). Les fidèles de la paroisse, toujours généreux pour leur église, se cotisèrent pour l'achat d'un reliquaire. Le 16 octobre de l'année suivante, la fête de saint Baldéric fut célébrée à Montfaucon avec une solennité extraordinaire et depuis, le pélerinage du Saint a été rétabli dans l'antique église collégiale.

Nous ne pouvons oublier de mentionner en terminant un autre pélerinage cher à nos localités, celui de Notre-Dame des Malades, dans la chapelle de l'ancienne léproserie. Nos pères avaient souvent recours à Marie sous ce vocable et ils aimaient à s'y rendre individuellement et même en procession.

IV

GÉOGRAPHIE (2)

Position de la commune. — Le village de Septsarges est situé par 2°50' de longitude Est et 49°17' de latitude Nord. Son altitude, 250ᵐ sur la place de la Mairie, est inférieure de 100 mètres environ à celle de la colline de Montfaucon (348 m.) qui le domine à l'Ouest.

Il est distant de Montfaucon, son chef-lieu de canton, de 2 kilomètres ; de Montmédy, son chef-lieu d'arrondissement, de 39 kil. ; de Bar-le-Duc, chef-lieu du département de la Meuse, de 63 kil. ; de Saint-Mihiel, siège de la cour d'assises, de 61 kil. ; de Nancy, siège de la cour d'appel, de 150 kil. ; et de Paris, de 278 kil. (3).

parrains et marraines Albert Marchand et Aline Brugnon, Émile Piesvaux et Marie Collet. (D'après les renseignements fournis par M. l'abbé Parizot et par M. Charles Farnier).

(1) Cf. POGNON, p. 67-80.

(2) Nous devons une grande partie des données statistiques qui suivent à l'obligeance de M. Dasse, ancien instituteur à Septsarges.

(3) Pour les trois premières distances, l'*Annuaire de la Meuse* donne respectivement 2, 43 et 64 kilom.

Limite et aspect du territoire. Orographie. — Le territoire de Septsarges est limité au N. par celui de la commune de Brieulles (canton de Dun) ; au N.-E. par celui de Dannevoux ; à l'E. par celui de Gercourt ; au S. par ceux de Cuisy et de Montfaucon ; enfin à l'O. par ceux de Montfaucon et de Nantillois (1).

Le territoire de Septsarges, allongé de l'O. à l'E., est assez accidenté. Les collines qui dominent le village à l'O. et au S. se détachent du massif de Montfaucon, l'un des contreforts de l'Argonne ; elles forment des gorges qui s'élargissent et se confondent bientôt avec la vallée dans laquelle est bâti le village, vallée qui se prolonge vers Dannevoux.

Le point le plus élevé du territoire (295 m.), est situé à proximité de la limite des territoires de Montfaucon et de Nantillois ; à la limite de ce dernier et de celui de Brieulles, l'altitude est de 266 m. ; elle s'abaisse à 245 m. à la *Fontaine du Pré des Veaux*. Elle est de 252 m. non loin de la source du ruisseau de Septsarges, son minimum est de 235 au milieu de la prairie ; enfin elle se relève à 262 m. au S.-E. vers la limite de la commune de Gercourt.

Hydrographie. — Le ruisseau de Septsarges est un cours d'eau sans importance. Son parcours est d'environ 3 kil. sur le territoire de cette commune. Il coule de l'O. à l'E., arrose une prairie de bon rapport et se jette dans la Meuse en face du moulin de Belhaine (Dannevoux).

Le territoire renferme également un certain nombre de sources et le village compte plusieurs puits et trois fontaines qui alimentent en même temps des lavoirs publics (2).

Géologie. — Le plateau septentrional, dont les pentes descendent jusqu'au ruisseau, appartient au terrain *jurassique supérieur* et au *crétacé moyen*.

Calcaire à astartes supérieur. — Ce calcaire est composé d'assises argileuses et marneuses grises alternant avec des bancs calcaires et des lumachelles (3) jaunâtres surmontées de calcaires dont quelques-uns ont la texture oolithique (4) (*ostrea exogira bruntrutana, astarte minima*, etc.) ; il forme la vallée et les plateaux avoisinants.

Marnes kimméridgiennes. — Ces marnes et argiles grisâtres ou bleuâtres alternent avec des bancs de lumachelle grise et jaune (pierre châline) et de calcaires blancs. Leurs principaux fossiles sont : *ostrea virgula* (oreilles de souris), *pholadomya, pterocera ponti, ammonites eumelus*, etc. Elles forment les bords du plateau.

Les *calcaires portlandiens*, calcaires compacts, jaunâtres (pierre vive), gélifs, s'y rencontrent liés aux marnes précédentes : *ammonites gigas*, etc. Enfin les *sables verts* plus ou moins remaniés forment la partie occidentale de ce même plateau.

---

(1) Voir le *Plan général* de la commune de Septsarges.

(2) En général, ces puits sont trop rapprochés des écuries et des dépôts de fumier ; de plus, rien ne les protège contre les infiltrations dangereuses pour la santé publique. Ajoutons que les eaux de Septsarges paraissent légèrement séléniteuses, autant que l'on peut en juger sans en faire une analyse rigoureuse.

(3) Sorte de marbre formé par de petits coquillages agglomérés.

(4) Pierre calcaire composée de petites coquilles pétrifiées, ressemblant à des œufs de poisson.

Climat. — Le climat est tempéré ; rarement le thermomètre monte au-delà de 28° et plus rarement encore il marque — 15°. Il tombe de 8 à 900 m/m de pluie. Les orages font relativement peu de dégâts : le massif de Montfaucon les fait glisser sur ses flancs vers le N. ou vers le S. ou bien il les divise en deux tronçons qui suivent ces directions. Un des plus terribles, en ces dernières années, fut celui du 10 août 1886 qui éclata vers 3 heures 30 du soir ; la grêle brisa nombre de vitres et endommagea les récoltes.

Flore et faune. — Parmi les plantes qui croissent spontanément sur le territoire de Septsarges, on peut citer : *Tussilago officinalis* (Pas d'âne), *Anemone pulsatilla* (Anémone pulsatille), *Euphorbia helioscopia* (Euphorbe réveille-matin), *Galium verum* (Caille-lait jaune), *Centaurea scabiosa* (Centaurée scabieuse), *Ranunculus bulbosus* (Renoncule bulbeuse), *R. acris* (Bouton d'or), *Polygala vulgaris* (P. vulgaire), *Rhinanthus major* (Rhinanthe m.), *Verbascum* (Molène, bouillon blanc), *Linaria striata* (Linaire striée), *Pyrola rotundifolia* (Pyrole à feuilles rondes), *Agrimonia eupatoria* (Aigremoine), *Veronica officinalis* (Véronique officinale), *Melampyrum arvense* (Mélampyre, blé des vaches), *Valeriana officinalis* (Valériane officinale, herbe aux coupures), *Convallaria multiflora* (Muguet, grand sceau de Salomon), *Prismatocarpus* (Prismatocarpe, miroir de Vénus), *Atropa belladona* (Belladone), narcotique et vénéneuse, que l'on rencontre abondamment dans les bois, au N. du village, etc., etc

Les principales essences de nos bois sont : le chêne, le hêtre, le charme, le bouleau, le tremble, le frêne, l'érable, le cerisier, le coudrier, l'épine noire, l'épine blanche, etc. Ces dernières deviennent malheureusement trop communes.

La faune de Septsarges est celle des localités voisines. Le gibier est assez abondant. Les loups, les renards et les chats sauvages deviennent de plus en plus rares. Par contre, les sangliers exercent de véritables ravages dans les cultures, aux environs des bois surtout (1).

Population. — Le tableau suivant donne la population de Septsarges à différentes époques.

En 1789, environ 400 habitants, 100 maisons et 105 feux.

En 1838,	408	»	»
En 1846,	362	109	»
En 1850,	376	103	111
En 1860,	355	90	92
En 1870,	342	87	90
En 1881,	270	87	87
En 1886,	260	87	90
En 1896,	243	86	83

(1) Pourquoi ces animaux malfaisants, auxquels l'agriculture paie un si lourd tribut. n'iraient-ils pas rejoindre, à l'état de souvenir ou dans nos musées, l'ours, le buffle, l'onagre, l'auroch, etc., qui peuplaient nos forêts, au dire des chroniques carlovingiennes ? Certes, nos modernes nemrods sont mieux armés que leurs devanciers, et si, dans un avenir prochain, ils débarrassaient le pays de ce fléau, nos cultivateurs les béniraient en s'applaudissant de les voir hériter de ces droits de chasse contre lesquels protestait le paysan de l'ancien régime.

On le voit, la population diminue progressivement. Les familles nombreuses deviennent de plus en plus rares et peu d'étrangers viennent s'établir à Septsarges. L'émigration à Paris s'est accentuée surtout à l'époque de la construction des fortifications (1840). Le choléra de 1854 a fait 22 victimes (1).

Pour bâtir les maisons, on recourt aux pierres des carrières de Liny, de Dun, etc. Les deux tuileries de Montfaucon fournissent les tuiles nécessaires. Seuls, la maison commune et le clocher de l'église sont couverts en ardoises. Les bois de construction sont tirés des forêts voisines. En général, les habitations sont saines, bien distribuées, et l'on comprend de plus en plus l'importance de l'hygiène pour l'homme et les animaux.

Agriculture. — D'après le cadastre de 1843, la surface totale du territoire est de 885 h. 83 a. 92 c., qui se répartissait de la manière suivante en 1888 :

Terres cultivées.................	620 hectares.
Prairies naturelles...............	70 »
Bois (sur le territoire)...........	162 »
Friches........................	32 »

TABLEAU STATISTIQUE

			ANNÉES						
			1800	1850	1860	1870	1880	1887	1898
Céréales et Farineux	Superficie cultivée	Ha.	»	»	»	»	»	»	335
	Produits en grains	Hl.	4500	4400	4450	4100	4600	4850	5110
	Prix moyen du blé le Ql.		»	20 f.	22 f.	30 f.	26 f.	24 f.	23 f.
	» du seigle »		»	16 f.	17 f.	20 f.	22 f.	18 f.	15 f.
	» de l'orge »		»	16 f.	18 f.	23 f.	22 f.	18 f.	15 f.
	» de l'avoine »		»	16 f.	17 f.	20 f.	19 f.	17 f.	17 f.
Pommes de terre	Superficie cultivée	Ha	»	»	»	»	»	»	27
	Produits	Hl.	4000	4100	4250	3900	4100	5000	4300
Prairies naturelles	Superficie	Ha.	»	»	»	»	»	»	126
	Produits	Qx.	2500	2600	3000	2400	2650	2700	3890
Prairies artificielles	Superficie	Ha.	»	»	»	»	»	»	40
	Produits	Qx.	1500	1600	2000	1800	2200	2900	1275

A Septsarges, le sol est généralement bien cultivé. Aussi les récoltes seraient-elles suffisamment rémunératrices si les cours de vente des produits n'étaient avilis par la spéculation et le défaut suffisant de protection et de débouchés. Le terrain très accidenté et le morcellement trop considérable retardent l'emploi des machines agricoles.

Les animaux élevés dans la localité comptaient, en 1898, 98 têtes de

(1) De nos jours encore, trop de jeunes gens désertent le foyer paternel et l'existence pénible, si l'on veut, mais du moins honorable et paisible que l'on mène dans nos campagnes pour aller chercher en ville la sujétion, un travail monotone, une existence isolée, énervante, et souvent la misère.

l'espèce chevaline, 143 de l'espèce bovine, 233 de l'espèce ovine, 110 de l'espèce porcine, 15 de l'espèce caprine ; enfin 62 ruches dans 5 rûchers. (Prix du miel : 1 fr. le kil. ; prix de la cire : 0 fr. 75). Ces animaux consomment le produit des prairies tant naturelles qu'artificielles, la paille fournie par les céréales, les betteraves, les pommes de terre et une grande partie de l'avoine, de l'orge et du seigle récoltés sur le territoire.

Impôts — D'après le cadastre, la valeur approximative des terrains de la commune est de 175.500 francs ; le revenu imposable est de 17.717 francs. L'impôt foncier a été assis sur un revenu moyen présumé de 13 fr. 50 pour les terres labourables (1), de 72 fr. pour les prés (64 fr. à Montfaucon), de 13 fr. 50 pour les bois (17 fr. à Montfaucon), de 57 fr. pour les jardins et les chènevières (66 fr. à Montfaucon, et de 0 fr. 50 pour les friches (2).

Commerce et industrie. — Septsarges est surtout un village agricole : le commerce ne consiste guère que dans la vente des produits agricoles. Les bois de construction et de chauffage sont le plus souvent expédiés sur la Champagne.

La station la plus rapprochée est Consenvoye (9 kilom.), sur la ligne de Sedan-Lérouville (3). Le canal de l'Est n'est guère utilisé que par les forgerons pour le transport de leur houille. Les chemins vicinaux sont bien entretenus, mais les accidents de terrain les rendent difficiles aux rouliers, sauf peut-être du côté de Gercourt ; en réalité, Septsarges est isolé de toute grande communication.

A Septsarges, chacun cultive ses terres, soit par lui-même, soit en s'adressant pour les grands travaux à des cultivateurs proprement dits. En outre, la plupart des professions qui touchent à l'agriculture (charrons, forgerons, bourreliers, etc.) ont dans cette localité un ou plusieurs représentants.

L'industrie est nulle aujourd'hui. Cependant la fabrication des boutons en bois était prospère autrefois et le village comptait vers le milieu du siècle deux moulins en activité, une huilerie et un pressoir à cidre. Il y avait aussi plusieurs tisserands et bonnetiers.

On nous permettra de donner ici, en l'abrégeant, d'après M. l'abbé Pognon (*Histoire de Montfaucon*, p. 662-663) un aperçu de quelques prix anciens.

En 1529, 45 jours de terre (15 hect.) et 5 fauchées 1/2 de prés (1 h. 80 a.) étaient loués 16 quartels de blé et autant d'avoine (5 hectol. 20), ce qui donne 30 litres à l'hectare. De 1789 à 1815, la location de l'hectare de terre est de 10 à 12 francs ; de 1840 à 1850, elle atteint son maximum, 50 à 55 francs, pour retomber en 1888 de 32 à 35 francs. De même, les che-

---

(1) Il est de 14 francs à Montfaucon, à Consenvoye, à Dannevoux et à Romagne, de 17 fr. 50 à Regnéville, et de beaucoup inférieur dans les autres communes.

(2) JEANTIN. *Manuel de la Meuse*, art. *Septsarges*.

(3) Là, comme dans un trop grand nombre de localités du nord de la Meuse, se fait cruellement sentir le défaut de voies de communication. Une ligne reliant Montmédy, Dun, Montfaucon, Varennes et Aubréville d'une part, avec Apremont d'autre part, ne manquerait pas de donner aux villages déshérités de cette région une plus grande importance commerciale. Ce ne serait que justice, puisqu'ils supportent depuis de longues années les mêmes charges que les cantons les plus favorisés.

vaux, les vaches, les porcs ont doublé de valeur depuis 1789 ; celle des volailles a plus que quadruplé. Un domestique demandait 90 francs par an au commencement du siècle et une servante 75 francs ; un domestique 150 francs et une servante 75 francs en 1822 ; un manœuvre nourri recevait 0 fr. 50 à 0 fr. 60 par jour, 1 franc s'il n'était pas nourri ; ces prix étaient, pour les femmes, de 0 fr. 20, 0 fr. 30 (de 0 fr. 50 pour la lessive) et 1 franc ; une femme, pour filer de 6 heures à minuit, recevait 0 fr. 10 à 0 fr. 15. En 1811, le fauchage d'un hectare de céréales coûtait 3 francs. On sait que, pour la plupart, ces prix sont aujourd'hui doublés et au-delà. Durant la disette de 1816-1817, le blé s'est vendu jusqu'à 35 francs l'hectolitre et l'orge 18 francs.

Hygiène. — La situation du village, au point de vue hygiénique, est excellente : les forêts qui l'avoisinent et les vergers qui l'entourent y maintiennent la pureté de l'air. Il n'existe à Septsarges aucune épidémie à l'état endémique. Seule la présence des fumiers placés en plein air dans les rues, la stagnation des eaux dans des terrains marécageux de peu d'étendue et dans des ruisseaux insuffisamment curés, au sud du village, pourraient offrir quelque danger.

Instruction. — Septsarges possède une école mixte fréquentée régulièrement, en hiver surtout, et une bibliothèque populaire. Dernièrement, une association d'anciens élèves s'est organisée dans la commune. Malheureusement, le patois retarde les progrès des élèves.

Etablissement de bienfaisance. — Septsarges reçoit chaque année du bureau de bienfaisance de Montfaucon une somme de 30 francs destinée à venir en aide aux plus nécessiteux.

Souvenir populaire. — Une tradition, qui tend à s'effacer, veut qu'un attelage ait disparu dans un gouffre appelé *la Carpierre*, situé au sud du village. D'autres veulent, avec peu de vraisemblance, que ce soit un chariot attelé de sept chevaux qui ait été précipité, en 1699, dans une fondrière, au sud-ouest du village, et dont l'ouverture mesure à peine aujourd'hui 1 mètre de diamètre.

Usages de la vie privée et publique. — La population de ce village, tout entière à ses occupations, vit d'une manière simple, paisible et frugale. Mais là, comme ailleurs, l'alcoolisme exerce ses ravages dans quelques familles.

La veille de la fête patronale, qui se célèbre le dimanche qui suit la saint Baldéric (16 octobre), les musiciens vont jouer devant l'église l'air de l'hymne du saint : *Astra dum plaude, tibi Balderice....* (de l'ancien office), puis font le tour du village. C'est à peu près le seul jour où un bal soit organisé. Malheureusement, en temps de carnaval, des masques bruyants font leur apparition. Durant le mois de mai, les jeunes filles vont chanter un cantique dans les maisons et solliciter des offrandes pour l'autel de la Sainte Vierge.

La veille d'un mariage, les fiancés ou quelques jeunes filles vont inviter à la messe en remettant un *paquet d'épingles*. Quand un jeune homme étranger à la commune vient épouser une jeune fille, il est tenu de la racheter, à la porte de l'église, par une gratification aux jeunes gens qui lui attachent un bouquet sur la poitrine.

Ces usages et beaucoup d'autres, comme les veillées, les réunions joyeuses et les fêtes de famille, tendent à se transformer et à disparaitre. Il serait cependant préférable de trouver, aujourd'hui comme autrefois, une joie véritable dans d'honnêtes distractions, au sein de sa famille ou chez des amis, au lieu d'aller porter son ennui et dépenser son argent dans les cabarets. Qui nous rendra la joie de nos pères et cette gaieté proverbiale qui fait le fond du caractère français ?

Toutefois, la religion est encore en honneur : les processions de la Fête-Dieu et de l'Assomption sont bien suivies et se font avec toute la solennité possible dans une petite localité. Nous l'avons dit : les paroissiens sont généreux pour leur église. L'assistance est toujours nombreuse aux funérailles et l'on se rend volontiers des services en cas d'accident.

Espérons qu'il reviendra ce temps où la religion, sans faire violence à personne, comme on voudrait le faire croire, était de toutes les fêtes, même civiles. Et pourquoi pas ? Nous aimons à nous rappeler nos souvenirs d'enfant et nos émotions à la vue de nos braves pompiers et gardes nationaux tout fiers d'évoluer dans l'église le jour des fêtes nationales. Plus tard, il nous a été donné d'assister, dans une grande ville (1), aux processions déployées avec toute la pompe religieuse et militaire : nous ne connaissons pas de spectacle plus imposant. Hélas ! depuis lors, à force de mensonges et d'audace, une secte occulte et antifrançaise a soufflé le vent de l'irréligion sur notre malheureux pays, amenant avec elle la désunion, la faiblesse au dedans et le manque de prestige au dehors ! Il n'en sera pas toujours ainsi et la patrie de Jeanne d'Arc et de saint Louis reprendra sa place dans le monde et son rôle providentiel de fille aînée de l'Eglise. Puissent nos plus modestes villages, en restant chrétiens, préparer et accentuer ce réveil de la France !

(1) A Angers, où les processions de la Fête-Dieu, appelées *Sacre*, se font encore avec une solennité toute spéciale et traditionnelle, en réparation de l'hérésie de Bérenger qui a attaqué au xie siècle le dogme de l'Eucharistie, mais qui s'est ensuite rétracté.

APPENDICE

I. Famille COLLET, de Septsarges (1)

Les différentes familles *Collet* dont le premier registre paroissial de Septsarges fasse mention (1691) sont les suivantes : Collet-Vigault ; C.-Vicaré et Liégault ; C.-Gillet ; C.-Bienaimé, de celle-ci descendent les C.-Arnould, les C.-Mélinet et Boidin ; C.-Bertheminette de Ponsillot ; C.-de Cornu ; C.-Féthi, et plus tard (1734) Jean Collet, époux de Catherine de Bigaux. A notre connaissance, ces familles n'ont plus actuellement de descendants. Nous allons suivre uniquement la famille Collet-Labourai, souche des Collet actuels qui sont originaires de Septsarges.

I. *Michel Collet*, † 1694, époux de Barbe Labourai, † 1692 ; nous leur connaissons un fils :

(1) On nous permettra de donner ici un tableau généalogique des membres de notre famille. Peut-être donnera-t-il à d'autres l'idée de nous imiter et de faire mieux et plus complet. Les familles nobles conservent avec une légitime fierté le livre d'or et les portraits de leurs ancêtres ; nous aussi, gardons pieusement le souvenir des nôtres. A défaut de la noblesse du sang, nous pouvons leur reconnaître du moins, et c'est l'essentiel devant Dieu, celle que donne le travail relevé par la pratique des vertus chrétiennes.

C'est avec un respect filial que nous avons recueilli leurs noms, les dates des principaux événements de leur vie et celle de leur mort. Que de réflexions salutaires s'imposent à l'esprit tandis que l'on parcourt les pages de nos registres paroissiaux et municipaux ! Voici l'acte de baptême d'une personne, plus loin c'est celui de son mariage. Comme les signatures s'apposent joyeuses au bas de cet acte ! Elles sont joyeuses encore lorsqu'on apporte successivement à l'église de nouveaux enfants. Tournons quelques feuillets ; hélas ! nous constatons des deuils cruels dans la famille, puis la mort de l'un des conjoints, bientôt celle de l'autre... et c'est tout ce qui reste de nous ici-bas : un nom sur un registre. Comme on bénit alors la foi chrétienne, ses consolations, ses promesses divines et ses invincibles espérances !

Nous avons relevé 495 actes relatifs à la famille Collet et 396 de la famille Vacquant, uniquement dans les registres de Septsarges. Nous n'oserions nous flatter d'offrir un tableau sans lacunes, d'autant que, pour plusieurs années de la Révolution, nous n'avons trouvé que des tables ne donnant que des indications vagues et incomplètes. Une autre source d'embarras et de confusion, si l'on n'y prend garde, c'est la multiplicité des prénoms et même des surnoms ou sobriquets identiques. Ce qui est plus regrettable encore, c'est l'habitude trop commune d'imposer aux enfants, dans la famille, des prénoms différents de ceux qui sont portés aux registres, prénoms que ces enfants signeront de préférence dans les actes ultérieurs. Nous reconnaissons volontiers qu'une dernière révision des noms et des dates faites à Septsarges même eût été nécessaire ; plus d'une fois, en écrivant ces pages, avons-nous éprouvé le regret de travailler à distance et de ne pouvoir nous renseigner directement et par nous-même.

Enfin il sera facile, grâce aux différentes notations, de distinguer les enfants des diverses familles et de les rattacher, soit à ceux qui précèdent, soit à ceux qui suivent.

II. *Jacques Collet*, † 1721, qui épouse en 1700 Nicole Nicolas, † 1768. De ce mariage sont nés 9 enfants ; 3 de leurs fils eurent des descendants :

— 1" Denis (1702-1772) qui ép. en 1721 Jeanne Deno, † 1757 ; de cette union naquirent 6 enfants, entre autres :

A) Marie-Anne (1731), ép. en 1751 Martin Dulphy.

B) Didier (1733), ép. en 1754 Marguerite Gruselle, dont il eut : *a)* Marie-Magdelaine (1755), ép. Nicolas Gastellet ; — *b)* Didier le jeune, laboureur (1759-1825), ép. en 1789 Lucie Gruselle, qui lui donne : 1" M.-Jeanne (1785), ép. Michel Ponsignon ; 2" Didier Denis (1791) ; 3° Catherine (1793) ; et 4° Marguerite (an IV), qui épouse en 1817 J.-B. Collet.

c) Jacques aîné (1760-1836), ép. en 1792 Jeanne Poncelet et en 1819 Elisabeth Mouchot ; de leurs 8 enfants, citons : 1" Charles (1792) ; 2" Marguerite (1793) ; 3" Didier (an III-1814) ; 4" Nicolas (an VII-1862), ép. en 1824 Marguerite Buart, † 1876. Ces derniers eurent pour enfants : *aa)* Pierre-Maximin (?) (1824), qui ép. en 1857 Agnès Battu ; leur fille, M.-Mathilde (1859-1886) ép. en 1876 Edmond Brugnon ; *bb)* Reine (1829), ép. Philbert Nicolas ; *cc)* Adélaïde (1832) ép. en 1854 Pierre Battu et en 1860 Jean Blandin, de Cuisy.

5" Reine (1810-1892), ép. Jean Gatelet, de Montfaucon ; les trois autres enfants Poncelet-Mouchot moururent en bas-âge.

d) M.-Jeanne (1773-an IV), ép. en 1793 François Watrin).

C) Marie (1737).

D) M.-Anne (1739) et 2 filles mortes en bas âge.

— 2" Pierre, qui suit.

— 3° Didier (1718), ép. en 1740 Jeanne Bienaimé, † 1768 ; ils eurent 10 enfants, dont Ogier (1747-1819), qui ép. en 1770 M.-Magdeleine Chouilly (ou Chouiller) qui lui donna 8 enfants, entre autres :

a) M.-Anne (1774-1862), ép. Claude Ravenel, de Nantillois.

b) Pierre (1779), ép. Marie Martin, puis en 1831 Cath.-Françoise Verjus.

c) Pierre (1782), ép. en 1809 M.-Magd. Battu ; ces derniers ont pour enfants : 1° M.-Magd. (1810) ; 2" J.-Pierre (1812), ép. en 1840 Anne Gruselle ; 3° Marie (1818), ép. en 1843 Pierre Geargeaud ; 4" Thomas Baldéric (1821) ; 5° M.-Marguerite (1823) ; 6" Nicolas (1826).

d) Reine (1783-1816), ép. en 1814 J.-Baldéric Mouchot.

e) M.-Magdeleine Nicolle (1786).

III. *Pierre* (1704-1750), ép. le 1" janvier 1734 Marie Logette (1705-1789), ép. en secondes noces Jacques Decosse. De ce mariage, sont nés :

1" Geneviève, † 1735 ; 2" Louis (1737) ; 3" Didier, qui suit ; 4" Joan, moullier (1742-an IX), ép. en 1776 Marie Picart, de Dannevoux. Citons, de leurs 7 enfants :

a) Didier (1783) ; *b)* J.-Bapt. (1785), ép. en 1817 Marguerite Collet ; ces derniers eurent : 1° Marie (1818-1839) ; 2" M.-Jeanne (1820-1888), ép. en 1847 J.-Pierre Verjus ; 3" Rosalie (1821-1891) ; 4" Reine (1825-1831) ; 5° M.-Magd., † 1827 ; 6° Marguerite (1830), ép. J.-Nicolas Battu, puis en secondes noces en 1837, Jacques Ravenel ; 7" Nicolas (1832) ; 8" Louis (1835).

c) François (1744-an XII), ép. en 1777 Anne Mouchot, dont il eut deux enfants morts en bas-âge et Marie (1780).

IV. *Didier* le jeune (1739-an XIII), ép. en 1765 M. Sartelet ; ils ont 8 enfants, dont 4 moururent en bas-âge ; les autres sont :

1° Nicolas (1766-1843), ép. en 1793 M.-Jeanne Verjus, dont il eut :

a) Catherine (an III) ; b) Marie (an IV-an XIV) ; c) M.-Catherine (an VII-1874), qui ép. en 1825 Thomas-Baldéric Vacquant ; d) Marie (an IX), ép. en 1814 Didier-Nicolas Gatelet ; e) Anne (an X-1814) ; f) Jacques (1806-1843) ; g) Jacques, † 1868 ; h) M.-Louise (1809-1823) ; j) Jean (1811).

2° Jacques, qui suit ; — 3° Jean (1774), ép. en l'an X Marguerite-Anne Carré ; — 4° Thomas Baldéric (1776-1839), ép. le 10 thermidor an VII, au temple décadaire de Montfaucon, Jeanne-Marguerite Poncelet (1777-1815) et le 1ᵉʳ mai 1816 M.-Jeanne Collet (1776-1836) (?). Ces derniers ont 10 enfants :

a) Un garçon mort-né (an VIII) ; b) M.-Jeanne (an IXI, ép. en 1826 Jean Jourdain ; c) Reine (an X-1838) (?) ; d) M.-Anne (an XIII-1843), ép. en 1826 Nicolas-Louis Verjus ; e) Marguerite-Nicolas (an XIII-1874), ép. J.-Nicolas Battu, puis en 1837 Jacques Ravenel ; f) Charles (1806-1859), ép. en 1838 Catherine Platel (1812-1878), de Dannevoux. Ces derniers eurent 4 enfants :

1° Jean-Louis (28 septembre 1839, 25 mars 1884), ép. le 18 mars 1862 Marie-Magdelaine Vacquant. De ce mariage sont nés :

aa) M.-Nicolas-Lucien (31 décembre 1862) ; bb) M.-Coralie-Théona (15 juin 1872), qui ép. en 1889 Emile-Léon-Saintin Baillard, de Haraumont ; cc) Philippine, Anastasie, Monique (2-4 mai 1874) ; dd) M.-Androphile (9 février 1876) ; il épousa le 21 octobre 1899 Françoise-M.-Nicole Vacquant ; ee) M.-Joséphine-Valérie (22 mars 1877) ; ff) M.-Joseph-Albert (12 mars 1878).

2° Françoise-Agathe, † 1841 ; — 3° Jacques, dit Théophile (1843), ép. en 1874 M.-Antoinette Jourdain (1851). De cette union sont nés :

aa) M.-Anastasie (1875-1876) ; bb) Charles-Augustin (1877) ; cc) M.-Marcelle (1883) ; dd) Victoire-Anastasie (1887) ; ee) Louise-Justine (1888) ; ff) M.-Jeanne, † 1892 ; gg) Blanche-Ernestine (1894).

4° Marie-Joséphine (1845-1847).

g) M.-Catherine (1813-1853) ; sa fille M.-Anne ép. en 1840 Jean Halbin (1831) ; h) M.-Catherine (1813-1853) (?) ; j) Pierre, † 1815 ; h) du second lit Didier (1817-1831).

V. *Jacques le jeune*, ép. en 1807 M.-Catherine Verjus, dont il eut :

1° Une fille † 1807 ; 2° Nicolas (1809), qui ép. en 1843 M.-Catherine Verjus ; leur fille Marguerite (1844) ép. en 1873 Jacob Arnould ; 3° Jeanne-Nicolas (1811-1840) ; 4° Jacques (1814-1890) ép. Victoire Halbin ; 5° Jean (1815-1836) ; 6° Jean-Baptiste, qui suit ; 7° Marguerite (1819-1889) ; 8° Didier (1823-1858).

VI. *Jean-Baptiste* (1817-1886), ép. en 1846 M.-Angélique Détante (1825) ; sont nés de ce mariage :

1° J.-Baptiste-Emile (1847), épouse M.-Virginie Lefebvre ; ils ont pour enfants : a) Ernest-Philogène (1882) ; b) Emile, † 1883 ; c) Fernand-M.-Ernest (1889)....

2° Didier-Nicolas (1849), ép. en 1876 M.-Arthémise Verjus ; leurs enfants sont : a) J.-B.-Emile (1876-1878) ; b) Gustave-Lucien (1878)....

3° M.-Sidonie-Ernestine (1851-1857) ; — 4° Jean-Pierre (16 juillet 1853), ép. en 1884 M.-Magdelaine Vacquant, veuve de Jean-Louis Collet.

Sans parler des actes de décès des personnes nées avant 1691, voici quelques actes qu'il nous a été impossible de classer : en 1793, nous trouvons un Jérôme Collet marié à une Jeanne Gottard, puis sur des tables de l'an i à l'an xiii, la naissance de Collet François (an i), le décès de C. Marguerite (an ii), de C. Catherine et de C. Jeanne (an iv), enfin de C. M.-Magdeleine (an viii).

II. Famille VACQUANT, de Septsarges

Notre premier registre fait mention des familles suivantes : Enoz Vacquant, époux de Louise Bienaimé, puis de Gehanne Cotelle ; — Nicolas Wacquant, † 1727, ép. M. Gruselle ; — Claude Wacquant, laboureur, ép. Jeanne de Niger, qui eurent 4 enfants. — Dans l'impossibilité de remonter à une origine commune, nous suivrons successivement les différentes branches de cette famille dans l'ordre où elles se présentent.

1° Les VACQUANT-BOIDIN

I. *Jacques Wacquant* (1), † avant 1710, ép. de Julienne Bienaimé ; ils ont pour enfants : 1° Marguerite (1664-1729), qui ép. en 1693 Christophe Logette ; 2° Charlotte, ép. Denis Monchot ; 3° Claude, qui suit.

II. *Claude W.*, ép. en 1717 Jeanne Hautecœur ; nous leur connaissons : 1° Nicolas (1717) ; 2° Jean, qui suit ; 3° François (?), témoin dans l'acte de mariage de sa sœur (?).

III. *Jean* (1718), ép. en 1763 Nicolle (Elisabeth) Boidin, † 1807, qui lui donne : 1° Marie (1763-1809), ép. en 1793 Jean Laurent ; 2° Pierre, qui suit ; 3° Nicolas, qui suit en second lieu ; 4° Denis, † 1769 ; 5° Catherine, † 1772.

IV. *Pierre V.* le jeune (1764-1851), ép. le 17 brumaire an iii Marguerite Pérotin (1771-1809) et en secondes noces (1814) Nicole Monchot. Il naquit du premier lit :

1° Jean W. (3 vendémiaire an iv, † 1867), ép. en 1862 Jeanne-Marie (appelée encore Marguerite) Gruselle. De ce mariage, sont nés : a) Pierre V. (1823) ; b) M.-Nicole, † 1825 ; c) Nicolas (1827) ; d) Pierre, † 1828 ; e) Jean-Albert, † 1830.

2° Jeanne-Agnès, † an v ; — 3° Marie, † an viii ; — 4° Nicolas W. (4 vendémiaire an x, † 9 juin 1880), qui ép. en 1830 Anne Sartelet (2) (1804-7 déc. 1870) ; ils ont 2 enfants : a) Pierre V. (1831, † 10 août 1854 au 4° escadron de dragons à Montpellier ; b) Marie-Magdelaine V., dite Mélanie (29 juillet 1839), qui ép., le 18 mars 1862, Jean-Louis Collet.

Nicolas W., mouillier *(sic)* (1767-1851), 3° enfant de Jean et de N. Boidin, ép., an iv, Marie Moreau ; ils ont 11 enfants :

1° Jacques (an vi-1871), ép. M.-Jeanne Rougeaux ; leurs enfants sont : a) Jean (1828) ; b) André-Victor (1831) ; c) M.-Henriette, qui a un fils, Louis Théodore (1864)

(1) On remarquera l'orthographe de ce nom qui s'écrit tantôt avec un W, tantôt avec un V. Cette dernière lettre a prévalu de nos jours sans raison sérieuse croyons-nous, contredisant même la prononciation locale du mot.

(2) Une de ses tantes, qui avait été religieuse à Varennes avant la Révolution. fonda à Septsarges les prières des *Quarante heures*.

2° Barbe (an VIII-an XIV) ; — 3° M.-Nicole (an IX) ; — 4° Jean-Louis, qui suit ; — 5° Nicolas, † an XII ; — 6° Jean, † an XIII ; — 7° Geneviève (1806) ; — 8° Jean (1808) ; — 9° Jacques, † 1810 ; — 10° Margueritte (1813-1888) ; — 11° Pierre (1815).

V. *Jean-Louis* (an X-1894), ép. Marguerite Buart (Boidin) ; ils ont :
1° Jean (1830), qui ép. en 1857 M. Verjus ; leurs enfants sont : a) Marie, mort-née en 1858 ; b) une autre fille, † 1860 ; c) Marguerite (1861) ; d) Anna (1862) ; e) M.-Angélique-Julie (1864) ; f) M.-Antoinette (1865) ; g) M.-Léa (1866) ; h) M.-Louise, m. 1869) ; j) Charles-Albert, † 1870.
2° Marguerite (1831-1878), ép. en 1861 Claude Gavart.

2° Les *VACQUANT-VICARÉ*

I. *Antoine Wacquant*, ép. Jeanne Vicaré, † 1714 ; leurs enfants sont : 1° Nicolas, qui suit ; 2° Ogier, ép. Anne Millet.
II. *Nicolas W.*, † 1722, ép. en 1703 Barbe Clairisse, puis en secondes noces Nicolle Clérisse (1). Citons, de leurs enfants, Claude (1716) qui ép. en 1729 Philippe-Louise Collet, dont naquirent Jean (1730) et Jeanne-Louise (1734).

3° Les *VACQUANT-BUISSON*

I. *Thomas W.*, ép. M. Buisson, m. 1748 ; ils ont 8 enfants, dont ;
II. *Jacques* (1713), ép. en 1746 M.-Jeanne Liégaux ; de ce mariage sont nées 7 filles, les deux dernières sont : a) M.-Catherine (1759-1840), ép. en 1781 Nicolas Bienaimé ; b) Catherine, † 1816, ép. en 1787 Nicolas Gruselle (2).

4° Les *VACQUANT-MARCHAL.*

I. *Nicolas W.*, ép. Marguerite Marchal, † 1807 ; nous leur connaissons : 1° Louise, ép. en 1715 Claude Deno ; 2° Ogier, qui suit.
II. *Oger W.*, ép. en 1718 Marguerite Deno, † 1723 ; ils ont 3 enfants, dont :
III. *Nicolas* (Claude) (1718), ép. Jeanne Jumelle (ou peut-être Gruselle) ; leurs enfants sont : 1° Nicolas (1732), ép. en 1770 Luce Monchot ; 2° François (1738) ; 3° Catherine, ép. en 1770 Hubert Monchot, le même jour que son frère Nicolas épousait Luce Monchot, sœur de Hubert.

5° Les *VACQUANT-COLLET*

I. *Jacques W.* le jeune, † en 1716, ép. Marguerite Collet.
II. *Denis*, un de leur fils, ép. Elisabeth Gruselle.
III. *François*, fils de ces derniers, moulier, ép. en 1740 Anne Collet ; de leurs enfants, citons : 1° Jean-Louis (1743), ép. en 1766 M.-Jeanne Liégault ; une de leur fille, Catherine (1772-1833), ép. Remy Verjus. — 2° Lucie, ép. Denis Manciaux ; — 3° Catherine, ép. François Picart ; — 4° Denis, qui suit.
IV. *Denis* (an X-1814), garde forestier, ép. en 1776 J.-Agnès Logette ; ils ont : 1° François, qui suit ; 2° Marie, ép. an X Louis Buart.

(1) On trouve ici un exemple du peu de fixité de l'orthographe des noms propres.
(2) Le jour même de ce mariage mourait Jean Doulière, âgé de cent ans.

V. *François W.* (1779-1861), maire de Septsarges, ép. en 1807 M.-Magdeleine Watrin ; ils ont 8 enfants : 1° Agnès (1808), ép. en 1830 Pierre-Nicolas Fruminet ; 2° J.-Baptiste, qui suit ; 3° Louis, † 1811 ; 4° François (1815-1889), ép. Catherine Ponsignon ; 5° Louis (1816) ; 6° Anne (1817-1851), ép. en 1842 Pierre Vilmorain ; 7° Marguerite (1823-1840) ; 8° Marie, ép. en 1838 Nicolas-Jos. Cholet.

VI. *Jean-Baptiste* (1809-1872), ép. en 1850 M.-Catherine François ; de cette union naquirent : 1° M.-Esther (1852) ; 2° M.-Célina (1858), ép. en 1879 J.-Anatole Jayet ; 3° M.-Clémentine (1862), ép. en 1882 Auguste Bauny ; 4° Pélagie-Joséphine, ép. François-Jules Fréminet ; 5° Gustave-Narcisse, ép. en 1876 M.-Rose Verjus.

6° *Autre Famille VACQUANT-COLLET* (1)

I. *Jacques W.*, ép. Elisabeth Collet.

II. *Pierre*, † 1769 ; un de leur fils ép. en 1725 Elisabeth Houzelle, † 1767 (Houssel, peut-être Gruselle) ; nous leur connaissons 7 enfants, dont 5 filles.

III. *François W.*, moüillier (*sic*) ; un de leur fils ép. en 1751 Jeanne Bienaimé, † 1785 ; ils eurent 9 enfants, dont 7 moururent en bas-âge ; les autres sont : 1° Marie (1752-1825), ép. Henri Creuzet ; 2° Pierre, qui suit.

IV. *Pierre* (1759) aîné, moulier, ép. en 1782 M.-Catherine Chatillon ; il mourut en 1851, âgé de 92 ans ; nous leur connaissons 8 enfants :

1° Richard, ép. en 1811 M.-Nicole Verjus ; ces derniers ont pour enfants : a) Elisabeth (1811), ép. en 1847 J.-Baptiste Briet ; b) Nicolas, † en 1812 ; c) un enfant mort-né (1814) ; d) Jacques (1818) ; e) Remy (1823).

2° M.-Magdeleine (1758-1875), ép. en 1813 Jean-Nicolas Gérard ; — 3° Thomas Baldéric, qui suit ; — 4° Catherine (1790-1814) ; — 5° Barbe (1793) ; — 6° Jean, † an III ; — 7° J.-Baptiste (an IV-an XIII).

V. *Thomas Baldéric V.*, ép. en 1825 M.-Catherine Collet ; nous leur connaissons : 1° Marie (1824-1831) ; 2° Marie-Magdeleine (1828) ; 3° Didier-Nicolas, qui suit :

VI. *Didier-Nicolas* (1831), ép. Julie-Théodelinde Beaujois ; de ce mariage sont nés : 1° Adèle (1866) (?), ép. Constant Prêcheur, d'Avocourt ; 2° Antoinette (1869) (?), ép. Auguste Prêcheur ; 3° Gustavie (1870) ép. en 1892 Jean-Théodore (Alexandre) Huet ; 4° Victoire (1871-1878) ; 5° Léon (1872), ép. en 1895 Adeline Prêcheur ; 6° Françoise-Marie-Nicole (1878), ép. le 21 octobre 1899 Androphile Collet.

Nous pourrions ajouter, pour les Vacquant comme pour les Collet, quelques actes que nous n'avons pu rapporter aux familles précédentes.

III. Remarques sur les registres paroissiaux antérieurs à la Révolution

Ces registres, à Septsarges, ne remontent qu'au 21 janvier 1691. Ils sont sans lacunes, si l'on tient compte d'une transposition de quelques feuilles par le relieur et des tables qui, pendant quelques mois de la

---

(1) Il ne serait pas impossible que les deux premiers représentants de cette famille se confondissent avec ceux du groupe précédent, avec des variantes de prénoms qui ne sont pas rares.

période révolutionnaire, paraissent tenir lieu des actes mêmes. En général, ils sont assez bien tenus, les formules offrent peu de variantes, l'orthographe est celle de l'époque, et l'écriture est lisible, sauf pour les premières années. Si l'on y trouve assez souvent comme signature la croix des illettrés (+ marque de *un tel*), en revanche la plupart des familles comptent des membres capables de signer. Le « maistre des escholles » sert de témoin dans bon nombre d'actes.

De 1691 à 1793, on trouve à Septsarges trois cas remarquables de longévité : Jean Bernard meurt à 107 ans (1728), Geneviève de Bigot à 100 ans (1729), de même Jean Doulière (1744).

Dans le même laps de temps, on compte en moyenne 10 naissances par an et seulement 6 enfants naturels non légitimés et 2 légitimés par mariage subséquent. Au contraire, il se produit 3 naissances illégitimes pour la seule année 1791 : les idées révolutionnaires n'étaient guère favorables, on le voit, à la pureté des mœurs et à l'honneur des familles.

On me pardonnera de transcrire ici quelques formules :

Le présent registre contenant (quatre) feüillets pour servir à escrire les Baptêmes, Mariages et Sépultures de la Paroisse de (Septsarges) ès mis en mains de (s. François Collard prêtre et curé de Septsarges). Pendant la présente année mil six sens quatre-vingt douze a esté cottés et paraphés en touts feüillets de ce Registre Par nous Jean Béguin Escuyer-Seigneur de Châlons-sur-Vesle Conseiller du Roy, Lieutenant général au baillage de Vermandois siège royal et Présidial de Reims — en tous feüillets par nous Julien de Reims, commis et greffier garde et conservateur des Registres des Baptêmes, Mariages et Sépultures de cette ville et Ressort, mil six cens quatre-vingt-douze.

Cette formule est tantôt imprimée et tantôt manuscrite.

Baptême. — L'an 1692 le 6e iour du mois d'octobre Je Jean François Collart prêtre et vicaire de Septsarges et Nantillois ay baptisé la fille de Blaise le Clercq et de Marguerite Garnier ses père et mère mariez ensemble de cette paroisse à laquelle on a imposé le nom de Marguerite le parain a esté Estienne Wacquant et la maraine Marguerite Cugnet — le parain a signé avec moi la maraine ayant déclaré ne scavoir escrir.

Mariage. — L'an mille six cents quatre-vingt et treize le 3e de may après avoir publiez les bans par trois divers dimanches et festes chomables à ma Messe de paroisse entre.... fils de défunct.... laboureur et de.... de ceste paroisse d'une part et.... fille de.... et de.... son épouse aussi de cette paroisse d'autre part sans qu'il y aye eu aucune opposition ny empechement je jean François Collard prêtre et vicaire de ce lieu leur ay donné la bénédiction nuptiale et receu leur consentement en face de notre mère la sainte Eglise avec les cérémonies en présence des témoins ci-dessous qui ont signé avec moi les jour et an que dessus.

Décès et sépulture. — Le 19e de juin est décédée Gillon la Girelette aagée de 70 ans ou environ son corps est inhumé au cimetière de cette paroisse avec les cérémonies ordinaires.

D'autres actes portent : « après avoir receu les sacrements et donné des marques de notre bonne foi », ou bien : « et le lendemain a été inhumé dans le cimetière de saint Baldéric de cette paroisse avec les cérémonies ordinaires ».

En marge, la nature de l'acte et le sexe sont indiqués par les initiales b. m ou b, f et les mots *mariage, mort, m* ou *mort, f*.

Le fait suivant montrera l'importance qu'on attachait déjà à cette époque à la tenue des registres paroissiaux, ainsi qu'aux mentions qu'ils renferment.

Dans l'acte de baptême d'un enfant naturel, le 21 octobre 1692, le prêtre J.-F. Collard, sur la déclaration et le serment de la mère, avait fait figurer comme père de l'enfant le sieur Claude Coquille, receveur au bureau de Montfaucon « ... laquelle elle m'a déclaré sur sa part de paradis et dit être prette d'affirmer devant tout juge et sur le saint Evangile... » Mais nous nous étonnions, avec raison, de voir le nom du sieur Coquille raturé dans le corps de l'acte, lorsque nous trouvâmes ces mots : « Rayé le 27ᵉ avril 1693 » et, à la suite des actes de l'année, cette mention : « J'ai rayé le nom du sieur Coquille en l'article second du mois d'octobre le 27ᵉ avril en vertu d'une sentence rendue par Monsieur le lieutenant criminel du présidial de Reims du jeudi quatrième décembre 1692 au profit dudit sieur Coquille contre ladite Jeanne Alexandre cy dénomée ».

TABLE DES MATIÈRES

4257 — Imp. Pierrot, à Montmédy.